Heidelore Kluge

Rezeptebuch
Niembaum

Die gesunde Kraft von Samen, Blättern, Rinde bei Infektionen und Pilzerkrankungen anwenden, für Schönheit und ayurvedische Medizin nutzen und zur natürlichen Schädlingsbekämpfung einsetzen

LUDWIG

Inhalt

Niembaum verhilft zu mehr Gesundheit und Wohlbefinden.

Vorwort 4

Der indische Niembaum 6

Kleiner Ausflug in die Botanik 6

Produktion, Inhalt und Wirkung 10

Herstellung von Niembaumprodukten 10

Inhaltsstoffe des Niems 14

Wirkungen des Niems 17

Niembaumextrakte für Ihre Gesundheit 18

Niembaumextrakte in der Medizin 18

Niembaum für die Familienplanung 22

Niembaumprodukte für die Körperpflege 26

Niembaumprodukte bei der Tierpflege 31

Niembaumprodukte gegen Krankheiten 34

Innerliche Anwendungen 34

Äußerliche Anwendungen 37

Kosmetische Anwendungen 39

Zubereitungen in der Ayurvedamedizin 40

Gesund mit ätherischen Ölen 42

Wie der Geruchssinn funktioniert 42

Mit dem Gehirn riechen 43

Die Wirkungsweise ätherischer Öle 44

Wie Düfte produziert werden 45

Mischen Sie Ihr persönliches Parfüm 50

Betörende Düfte 52

Inhalt

Niembaum für Garten, Balkon und Haushalt — 54

Niemextrakt als Insektizid — 54

Niem gegen Pilzbefall — 62

Niem gegen Viruserkrankungen — 63

Praktische Anwendung bei Pflanzen — 63

Weitere Anwendungen des Niembaums — 68

Schmier- und Düngemittel — 68

Bau- und Möbelholz — 69

Brennstoff — 70

Niem als Düngemittel sorgt für eine prächtige Ernte.

Honig — 70

Schutzmittel in der Vorratshaltung — 71

Niembaum – Geschichte und Geschichten — 72

So kam der Niem nach Afrika — 75

Ayurvedamedizin — 76

Die Namen des Niembaums — 78

Niem – Nutzen für die Dritte Welt — 80

Niembaum – rund um die Welt — 80

Der Anbau des Niembaums — 85

Ökologische Bilanz des Niembaums — 87

Umweltschutz durch Niembäume — 90

Niem als Viehfutter — 91

Handelsformen von Niemprodukten — 92

Bezugsquellen — 94

Über dieses Buch — 95

Register — 96

Vorwort

»Niem – dieser Baum könnte viele Probleme der Welt lösen«, so prophezeien es US-amerikanische Wissenschaftler. In einem Bericht des renommierten Forschungsinstituts National Research Council heißt es: »Eines Tages könnte dieser Baum jedem Menschen auf der Erde nützlich sein.«

Ist das nun Übertreibung oder wissenschaftliches Forschungsergebnis? Was ist wirklich dran an der sagenhaften Heilwirkung dieses jahrhundertealten Baums? Ist der Niembaum denn ein Wunderbaum? Warum heißt dieser Baum, der aus Myanmar (dem früheren Burma) stammt und der in Indien zuhauf Wege und Straßen säumt, eigentlich Azad Darakht i Hindi (»der freigiebige Baum Indiens«)?

Der Niembaum ist uralt – er stammt aus dem Zeitalter des Eozäns –, aber er ist erst seit knapp 70 Jahren in Afrika heimisch. Was also verheißt uns dieser wunderliche Niembaum (lat. Azadirachta indica oder Antelaea azadirachta), dieses hierzulande noch recht unbekannte Gewächs mit bis zu 30 Meter Höhe?

Der Niembaum ist ein ganz besonderer Baum: Er stammt aus Myanmar (Burma), ist in Indien seit Jahrhunderten weit verbreitet, fand dann seinen Weg nach Afrika und wird jetzt in westlichen Labors auf seine vielen Heilwirkungen hin untersucht. Die ersten Forschungsergebnisse sind viel versprechend.

In Indien seit Jahrtausenden beliebt ...

Die Inder schätzen die wohltuende Wirkung des Niembaums schon seit Jahrtausenden: Sie putzen die Zähne mit Niemzweigen, bestreichen Hautausschläge mit dem Saft aus den Niemblättern und legen Niemblätter in ihre Betten, Bücher, Getreidebehälter und Schränke. Mit Niem beugen sie Zahnfleischbluten vor, heilen Hautkrankheiten und halten lästige Insekten fern. In der Moskitosaison legen sie sich unter den Baum oder stecken seine Blätter unter die Kissen.

Die gesunde Kraft der Samen, Blätter und der Rinde des Niembaums wird von den Menschen in tropischen Regionen auch in der Landwirtschaft eingesetzt, ebenso beim Gartenbau zur Düngung des Bodens und zur Abwehr von Schadinsekten. Und selbst als Brennholz ist der Niembaum noch von Nutzen.

... jetzt auch im Westen entdeckt

Seit einigen Jahren steigt das Interesse der westlichen Forscher an den Heilwirkungen des Niembaums stetig an: Der Niembaum hält Einzug in die Laboratorien und Forschungsstätten in den USA und in Europa. Obwohl die wissenschaftlichen Untersuchungen über die Wirkungen und Wirkstoffe noch in der experimentellen Phase sind, und heute noch keine definitiven und gesicherten Ergebnisse vorliegen, sprechen viele Wissenschaftler schon von einem Wunderbaum.

Niempräparate sind für den Menschen völlig ungiftig – und sie sind nicht teuer. Auch Allergiker reagieren meist sehr gut auf die Anwendung dieses Öls.

Mögliche Anwendungen des Niembaums

Die Erforschung des Niembaums ist in vollem Gang: Schon zahlreiche kosmetische und pharmazeutische Firmen haben den Niembaum in ihr Forschungsprogramm aufgenommen. Die Zahl der Einsatzmöglichkeiten ist groß. Niembaumpräparate sollen:
- Gegen Infektionen helfen
- Bei der Empfängnisverhütung eingesetzt werden
- Als Bestandteil von Kosmetika der Körperpflege dienen
- Schädlinge bei Menschen und Tieren abwehren

Was dieser Ratgeber für Sie leistet

Dieser Gesundheitsratgeber informiert Sie ausführlich über die Heilwirkungen des Niembaums, über sinnvolle Anwendungsbereiche und über mögliche Unverträglichkeiten. Hier erfahren Sie alles über die Herkunft und die Geschichte des indischen Niembaums ebenso wie über die Inhaltsstoffe und deren Gewinnung. Sie erfahren detailliert, wo und wie Sie Niembaumprodukte im Haushalt und im Garten einsetzen können und welche Heilwirkungen der Baum auf Menschen, Tiere und Pflanzen besitzt.
Sie finden eine Bewertung des ökologischen Nutzens dieser Heilpflanze, und Sie erfahren, wie in anderen Ländern mit diesem Baum umgegangen wird. Ein abschließendes Kapitel informiert Sie über die erhältlichen Handelsformen von Niemprodukten und über Bezugsquellen.

Der indische Niembaum wird vielfältig eingesetzt: Von der Desinfektion über die Bekämpfung von Infekten und die Empfängnisverhütung sowie von der Kosmetik bis hin zur Schädlingsbekämpfung reichen seine zahlreichen Heilwirkungen.

Der indische Niembaum

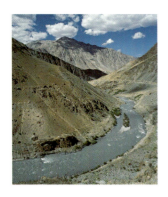

Sogar in der karstigen Landschaft Nordindiens wächst der Niembaum.

Der Niembaum ist ein richtiger Methusalem: Schon im Eozän vor 38 bis 55 Millionen Jahren wurde er nachgewiesen. Und er ist auch ein Gigant: 30 Meter Höhe und 60 Meter Wurzellänge können schon beeindrucken.

Kleiner Ausflug in die Botanik

Der Niembaum stammt aus Myanmar, dem früheren Burma, und ist heute vor allem im nordöstlichen Indien und in Bangladesch heimisch. Er wächst millionenfach von der Südspitze des Halbkontinents bis zu den Vorbergen des Himalaja und erreicht eine Höhe von bis zu 30 Meter. Dank seiner tiefen Wurzeln ist der Niembaum in der Lage, selbst in sehr trockenen Gebieten Wasser zu finden und zu überleben – sogar bis zu einer Höhe von 1000 Meter über dem Meeresspiegel. Seine Pfahlwurzeln können die doppelte Länge der ganzen Baumhöhe erreichen, also bis zu 60 Meter! In tieferen und mittleren Lagen bis 700 Meter im tropischen Bereich wächst der Niembaum praktisch überall. Die abfallenden Blätter sind leicht alkalisch (pH-Wert 8,2) und können so die Säure im Boden neutralisieren. Am besten gedeiht der Niembaum in Gegenden mit einer jährlichen Niederschlagsmenge von 400 bis zu 1200 Millimeter.

Nur »nasse Füße« kann der Niem nicht ertragen – in sich stauendem Wasser geht der Baum sehr schnell ein. Mit seinen breit gefächerten Blättern wird der Niembaum als Schattenbaum sehr geschätzt, deshalb säumt er zahlreiche Alleen, Straßen und Wege auf dem Land und in vielen Dörfern.

Hitzeresistenz und Frostempfindlichkeit

Temperaturen bis über 50 °C erträgt der Niem problemlos, Temperaturen unter 20 °C weniger gut. Frost liebt er überhaupt nicht. Botanisch gehört der Niembaum zu den Zedrachgewächsen (Meliaceae), einer in den Tropen artenreich vertretenen Pflanzenfamilie, zu der man u. a. auch die als Edelholzlieferanten so geschätzten Mahagonibäume rechnet. Unkraut macht ihm wenig aus. Mit Ausnahme der sehr jungen Niempflanzen können die Bäume sich mit sehr großem Erfolg behaupten.

Niembäume – schon seit Millionen von Jahren

Gegen Ungeziefer und Pilzerkrankungen ist der Baum relativ widerstandsfähig. Ein Problem können Nagetiere wie Ratten oder Stachelschweine sein, die die jungen Bäume benagen. In Gebieten, wo wenig Futter vorhanden ist, fressen Ziegen und Kamele auch die bitter schmeckenden Blätter des Niems und können so junge Pflanzen vernichten. Seit wann es Niembäume gibt, ist nicht bekannt; in einer Fundstätte in Rajasthan (Indien) wurde die Versteinerung eines Niemblatts aus der Zeit des Eozäns gefunden: Den Niembaum gab es also schon im Zeitraum von vor 38 bis 55 Millionen Jahren.

Als tropischer Baum ist der Niem nicht für unsere feuchtkühlen Regionen geeignet: 50 °C machen ihm gar nichts aus, aber unter 20 °C wird es für ihn problematisch.

Niembaum zur Wiederaufforstung

Dank seiner bescheidenen Standortansprüche und seines raschen Wachstums – der Niembaum erreicht innerhalb weniger Jahre eine beachtliche Größe und trägt nach drei bis fünf Jahren Früchte – wurde der Niembaum aus Indien zunächst nach Afrika exportiert. Heute verwendet man Niembäume auch in Mittel- und Zentralamerika, in der Karibik und auf den Philippinen zur Wiederaufforstung. In Somalia und Mauretanien trägt dieser Baum wesentlich zum Schutz vor einer weiteren Versteppung der Sahara bei.

Hohes Alter durch Robustheit und Widerstandskraft

Der Niembaum ist sehr widerstandsfähig. Selbst beim wiederholten Rückschnitt bis auf anderthalb Meter sprießt der Stamm kräftig aus. Der Baum kann bis zu 200 Jahre alt werden. Die jungen Blätter des Niembaums sind rötlichgrün. Später nehmen sie eine leuchtend- bis dunkelgrüne Farbe an. Die kleinen weißen Blüten sind zweihäusig und wachsen in Büscheln. Sie haben einen honigähnlichen Duft und ziehen viele Bienen an. In Indien blüht der Niembaum von Januar bis Ende April. Die Frucht ist eine glatte, ovale Steinfrucht. Im reifen Zustand ist sie grünlich gelb und enthält im süßen Fruchtfleisch einen harten Kern mit Samen; dieser wird häufig getrocknet und zu Pulver vermahlen.

Niembaumhonig ist nicht nur in Indien sehr beliebt, denn er ist vitaminreich und damit sehr gesund.

50 Kilogramm Früchte pro Jahr und Baum

Früher hatten viele Inder eine richtige Hausapotheke in ihrem Garten – sie pflanzten einfach einen Niembaum. Die Heilwirkungen dieses Baums wurden vielfältig eingesetzt.

Den vollen Fruchtertrag erreicht der Niem mit etwa zehn Jahren. Die glatten, ovalen Steinfrüchte werden ca. zwei Zentimeter lang; sie reifen von Mai bis August. Das süßliche Fruchtfleisch enthält Harze und wird beim Eintrocknen runzlig.

Ein Baum liefert pro Jahr etwa 40 bis 50 Kilogramm frische Früchte. Reife, abfallende Früchte sorgen für die Verbreitung der Samen. Das Fruchtfleisch lässt sich durch Reiben an einer rauen Oberfläche leicht entfernen. Oft wird dies von Vögeln, Flughunden, Ziegen oder anderen Tieren erledigt.

Niemsamen sind nicht sehr lange haltbar – meist nur zwei bis vier Monate. Neuesten Forschungen zufolge können sie aber ihre Keimfähigkeit bis zu fünf Jahren behalten. Die Keimung von Niemsamen beginnt unter günstigen Umständen nach einer Woche und dauert bis zu drei bis vier Wochen.

Heilkräfte in Rinde, Blättern und Samen

Neben dem Stamm, der Rinde, den Ästen und Blättern des Niembaums werden vor allem die Samen der Früchte von den Einwohnern der tropischen Länder seit Generationen sehr geschätzt. Schon seit weit mehr als 2000 Jahren nützt man in Indien die Heilkräfte des Niems in der Landwirtschaft und der Medizin. Die Blätter werden luftgetrocknet und als Tee gegen Malariafieber getrunken. Durch die bitteren Inhaltsstoffe der Blätter wird das Immunsystem gestärkt. Aber auch gegen zahlreiche Schmerzen und gegen eine Vielzahl von Infektionen wird der Niem erfolgreich eingesetzt.

Niembaumtee aus getrockneten Blättern des Baums wird erfolgreich gegen Malaria eingesetzt – gegen eine der gefährlichsten Krankheiten in tropischen Regionen.

Niembaum als Hausapotheke

Früher wurde der Niembaum hinter vielen indischen Häusern quasi als Hausapotheke angepflanzt. Die teilweise noch unbekannten Inhaltsstoffe des Niembaums wehren mehr als 100 Insektenarten ab, darunter einige der widerstandsfähigsten Schädlinge: Heuschrecken, Motten und

Küchenschaben. Nicht nur alle Teile des Baums werden verwendet, selbst der ausgepresste Niemsamen kann noch verwertet werden – als Viehfutter und als Dünger für Äcker und Reisfelder.

Der Weg zu besseren Insektiziden

Der Niembaum ist in der Lage, schädliche Insekten dauerhaft abzuwehren. Bei einer verheerenden Heuschreckenplage im Sudan konnte beobachtet werden, dass die Heuschrecken nahezu alle Pflanzen anfielen und kahl fraßen und nur die Niembäume verschonten. Niembäume mussten demnach einen Wirkstoff enthalten, den die Heuschrecken mieden. Hier fand sich ein ganz neuer, interessanter und Erfolg versprechender Ansatzpunkt für die Forschungsabteilungen der großen Chemiefirmen, um biologische und nebenwirkungsfreie Schädlingsbekämpfungsmittel zu entwickeln.

Nach mehr als zwei Jahrzehnten intensiver Forschung schwärmen die Wissenschaftler vom großen Nutzen des Niems für die Landwirtschaft der reichen und auch der armen Länder der Erde. Selbst vorsichtige und skeptische Wissenschaftler sprechen vom Niembaum als einer »Wunderpflanze«.

Bietet der Niembaum eine gesündere Alternative zu den gefährlichen Insektiziden? Vieles spricht dafür. Jedenfalls enthält der Niembaum bestimmte Inhaltsstoffe, die Heuschrecken abwehren.

Heuschrecken, die vor allem in Afrika die Ernten bedrohen, meiden die Niembäume. Das lässt darauf schließen, dass diese Pflanzen ein natürliches Schädlingsbekämpfungsmittel enthalten. Erste Forschungsergebnisse stimmen hoffnungsvoll.

Produktion, Inhalt und Wirkung

Stamm, Blätter und Früchte des Niembaums enthalten zahlreiche verschiedene Inhaltsstoffe, die auf ganz unterschiedliche Weise gewonnen werden.

Neben den Früchten und dem Öl werden besonders die Samen des Niembaums verwendet.

Herstellung von Niembaumprodukten

Das Hauptinteresse gilt den Niemfrüchten, denn aus den Kernen werden die wichtigsten insektiziden Wirkstoffe gewonnen. Dazu müssen die Früchte zuerst vom Fruchtfleisch befreit werden. Dies wird entweder maschinell oder von Hand erledigt. Eine andere, nichtindustrielle, aber praktische Möglichkeit besteht darin, dass man die Früchte erst den Vögeln oder Fledermäusen überlässt und dann die gesäuberten Kerne nutzt. Diese müssen vor der Verarbeitung jedoch unbedingt getrocknet werden, da sich sonst leicht durch Pilzbefall Giftstoffe, so genannte Aflatoxine, bilden. Die aufgebrochenen Kerne können nun auf drei verschiedene Weisen verarbeitet werden:
▶ Durch Wasserextraktion
▶ Durch Kaltpressung
▶ Durch Hexan- und Alkoholextraktion

Handwerkliche und industrielle Produktionsweisen

Alle drei Produktionsweisen haben ihre spezifischen Vor- und Nachteile: Eine einfache, nichttechnische Herstellungsweise ist für Agrargegenden besser geeignet, eine technisch-chemische Lösung wird in industrialisierten Staaten bevorzugt. Gemeinsames Ziel aller drei Varianten ist es, die insektiziden Wirkstoffe aus den Samen des Niembaums zu gewinnen und überschüssiges Wasser zu entfernen.

Die Gewinnung der insektiziden Wirkstoffe des Niembaums wird ganz unterschiedlich betrieben: Zum Einsatz kommen chemische Lösungsverfahren und Hochleistungspressen, oder man bedient sich der Hilfe von Vögeln und Fledermäuse zur Entfernung des Fruchtfleischs. Alle Methoden haben jedoch ihre Vor- und Nachteile.

Wasserextraktion

Die einfachste und somit für die Länder der dritten Welt wichtigste Art, insektizide Substanzen für den Eigenbedarf aus den Niembaumsamen zu extrahieren, besteht darin, die gemahlenen Kerne über Nacht in Wasser einzulegen. Der Wasserextrakt kann direkt auf die Kulturen gegossen werden oder aber, durch Tücher gefiltert, als Spritzbrühe verwendet werden. 20 bis 30 Kilogramm Niemsamen – das ist etwa die Ernte von einem mittelgroßen Baum – in 400 bis 600 Liter Wasser extrahiert, reichen für die Behandlung eines Hektars landwirtschaftlicher Nutzfläche.

Kaltpressung

Bei der zweiten Verarbeitungsmethode werden die aufgebrochenen Niemkerne kalt ausgepresst. Dadurch erhält man Niembaumöl, das traditionell wichtigste Produkt des Niembaums, das in den Niemkernen mit einem Anteil von rund 50 Volumenprozent enthalten ist.
Das Öl kann mit Handpressen, aber auch mit industriellen Hochleistungspressen aus den geknackten Niemkernen gewonnen werden. Es ist dunkel und riecht nicht sehr angenehm, da es schwefelhaltige Bestandteile aufweist, wie man sie vom Knoblauchöl kennt. Kaltgepresstes Niembaumöl besitzt zwar gute insektizide Eigenschaften, ist aber als Vorstufe zur industriellen Gewinnung von Niempestiziden leider überhaupt nicht geeignet.

Das Niembaumöl ist das traditionell wichtigste Produkt des Niembaums. Dieses Öl wird aus aufgebrochenen Niembaumkernen durch Kaltpressung gewonnen.

Hexan- und Alkoholextraktion

Bei der dritten Verarbeitungsmethode werden mit Hilfe von Hexan die Fettsäuren, Wachse und andere wasserunlösliche Substanzen aus den Niemkernen herausgelöst. Daran schließt sich die Alkoholextraktion an, d. h., die gemahlenen Kerne werden in Äthanol oder Methanol extrahiert. Limonoide – so heißen die Inhaltsstoffe des Niems – lösen sich in Alkohol besonders gut, so dass die Ausbeute an aktiven Wirkstoffen 0,2 bis 6,2 Volumenprozent betragen kann.

Eine hochtechnisierte, aber wirkungsvolle Methode zur Gewinnung von Nieminsektiziden ist die Extraktion mit Hexan und Alkohol. Diese Produktionsweise kommt jedoch für agrarische Gegenden kaum in Betracht.

Produktion, Inhalt und Wirkung

> **Stoffe zur Niembaumölgewinnung**
>
> ▶ Äthanol
> Äthanol oder Äthylalkohol ist Weingeist, also eine Verbindung aus der Gruppe der Alkohole.
> Diese chemische Verbindung ist farblos und leicht entzündlich.
> Sie ist mit vielen organischen Flüssigkeiten (beispielsweise auch mit Niembaumöl) leicht mischbar. Man verwendet Äthanol zur Herstellung von Spirituosen, aber auch für kosmetische und medizinische Produkte.
>
> ▶ Methanol
> Methanol oder Methylalkohol ist eine Alkoholverbindung, die auch in vielen Pflanzenstoffen vorhanden ist. Methanol ist eine farblose, brennbare Flüssigkeit. In Geruch und Geschmack ist Methanol Äthanol sehr ähnlich.
> Bei oraler Einnahme (trinken) können tödliche Vergiftungen die Folge sein. Bei der Behandlung von Niemsamen mit Methanol, die später ohnehin nicht oral eingenommen werden, besteht keine Gefahr.
>
> ▶ Hexan
> Hexan ist ein Kohlenwasserstoff, der zu den wesentlichen Bestandteilen des Leichtbenzins gehört. Hexan ist farblos und leicht entzündlich.

Sonnenlicht, UV-Licht, Hitze und Feuchtigkeit können Niemprodukte schnell schädigen und ihrer Wirksamkeit berauben. Lagern Sie deshalb Ihre Niemprodukte trocken, kühl und schattig.

Presskuchen

Wenn man Niemkerne auspresst, bleibt der Presskuchen, »neem cake« genannt, übrig. Dieser Presskuchen enthält vor allem Proteine und Rohfasern und kann sehr gut als Dünger eingesetzt werden. Dieser Niempresskuchen hält Nematoden (Fadenwürmer) ab und scheint auch Bakterien daran zu hindern, den im Boden gebundenen Stickstoff wieder der Atmosphäre zuzuleiten. Niempresskuchen bewirkt somit eine Abnahme des Nitratgehalts im Boden.

Sonnenlicht schadet Niemprodukten

Wenn Niemprodukte dem Sonnenlicht ausgesetzt werden, zersetzen sie sich und verlieren ihre für die Schädlingsbekämpfung wichtigen Eigenschaften. Unter Einfluss ultravioletter Strahlen bleiben Niemextrakte nur etwa eine Woche lang wirksam.

Auch gegen hohe Temperaturen sind Niemprodukte ziemlich empfindlich. Lagern Sie also Ihre Niembaumprodukte schattig und keinesfalls in der Nähe von Wärmequellen, z. B. neben einer Heizung oder einem Küchenherd.

Erfahrung und wissenschaftlicher Nachweis

Trotz jahrhundertelanger Anwendung von Niem und Niembaumprodukten sind bisher keinerlei gesundheitliche Beeinträchtigungen bekannt geworden. Bis heute sind jedoch noch keine wissenschaftlichen Versuchsreihen über die pharmazeutische Unschädlichkeit von Niem durchgeführt worden, so dass man nur auf Erfahrungswerte zurückgreifen kann. Erste Versuche mit Ratten bestätigen zwar die positiven Erfahrungswerte, aber noch stehen die Versuchsergebnisse mit Säugetieren und auch mit Menschen aus, die uns wirklich gesicherte Werte liefern können.

Beim jahrhundertelangen Einsatz von Niembaumöl konnten keine negativen Nebenwirkungen oder gar Schädigungen bemerkt werden. Um alle Zweifel zu beseitigen, werden nun wissenschaftliche Versuchsreihen gestartet, um die Unschädlichkeit von Niembaumöl nachzuweisen.

Vom richtigen Umgang mit Niem

Bekannt ist allerdings, dass Gesundheitsrisiken durch eine unsachgemäße Behandlung und Verarbeitung des Niems entstehen können:
▶ Die Niemfrüchte müssen nach der Ernte schnell vom Fruchtfleisch befreit werden.
▶ Die Samen müssen schattig und trocken gelagert werden.
▶ Bei einem Feuchtigkeitsgehalt ab 14 Prozent können die Früchte von dem Pilz Aspergillus flavus befallen werden, der giftige Aflatoxine produziert.
Aflatoxine gehören zu den stärksten bekannten Krebserregern und können auch auf die Niemsamen im Inneren der Frucht übergreifen. Dieses Problem entsteht allerdings nur in den feuchten Anbaugebieten – meistens aber ist das Klima zu trocken, um Pilzinfektionen der Früchte möglich zu machen.
Erkundigen Sie sich deshalb gegebenenfalls nach dem Herkunftsland Ihrer Niemprodukte. So können Sie eine gesundheitliche Gefährdung durch Aflatoxine weitest gehend vermeiden.

Wie alle Samen und Nüsse können auch die Kerne des Niembaums bei feuchter Lagerung schimmeln. Die Schimmelpilze bilden Aflatoxine, gefährliche und Krebs erregende Gifte. Lagern Sie deshalb alle Niembaumprodukte immer trocken und kühl.

Inhaltsstoffe des Niems

Schon in den zwanziger Jahren erforschten indische Wissenschaftler, welche einzelnen Substanzen und Inhaltsstoffe die besondere Wirkung des Niems ausmachen. Ihre Ergebnisse blieben jedoch zunächst international weitgehend unbeachtet. Erst seit Mitte der sechziger Jahre findet weltweit eine intensive Niemforschung statt, die sich u. a. mit den biochemischen Vorgängen der verschiedenen Inhaltsstoffe dieser Pflanze beschäftigt.

Niembaumöl enthält weit über 100 Inhaltsstoffe. Erst ein kleiner Teil davon ist chemisch genau analysiert worden und kann synthetisiert werden.

Vier Inhaltsstoffe bis jetzt identifiziert

Auch biochemisch überrascht der Niembaum durch die Vielzahl seiner Inhaltsstoffe: Zum Kummer der Naturstoffchemiker enthält Niem weit über 100 verschiedene Komponenten und dazu noch unterschiedliche Stoffzusammensetzungen in den verschiedenen Organen wie Blatt, Rinde oder Samen. Viele seiner Inhaltsstoffe sind so kompliziert aufgebaut, dass bislang nur Näherungswerte der zugrunde liegenden Strukturformeln erstellt werden konnten.

Die vier wichtigsten Inhaltsstoffe, die für die Heilwirkungen des Niems verantwortlich sind, gehören in die Substanzklasse der Limonoide. Dabei handelt es sich um:

- Azadirachtin
- Salannin
- Meliantriol
- Nimbin/Nimbidin

Azadirachtin

Azadirachtin gehört zu den wirksamsten Insektiziden, weil es die Fresslust der Schädlinge hormonell blockiert.

Der Hauptwirkstoff des Niems heißt Azadirachtin. Dieser Wirkstoff ist so kompliziert aufgebaut, dass es bis heute nicht gelungen ist, ihn auf synthetischem Weg zu erzeugen.

Unter dem Begriff »Azadirachtin« versteht die Wissenschaft eine Gruppe von zwölf ähnlich aufgebauten Substanzen, von denen im Niemsamen hauptsächlich Azadirachtin A und B vorliegen.

In Indien werden Niembaumpräparate, die den Wirkstoff Azadirachtin enthalten, seit einiger Zeit erfolgreich zur Schädlingsbekämpfung eingesetzt.

Azadirachtin war einer der ersten wichtigen Inhaltsstoffe, die aus dem Niem isoliert werden konnten. Dabei handelt es sich um den Hauptwirkstoff des Baums zur Abwehr von Schadinsekten.
Fast 90 Prozent der durchschlagenden Wirkung von Niempräparaten geht bei der Schädlingsbekämpfung von Azadirachtin aus. Weitere wissenschaftliche Untersuchungen während der letzten 20 Jahre ergaben, dass Azadirachtin eines der wirksamsten Mittel ist, um Schadinsekten daran zu hindern, Kulturpflanzen zu fressen und sich zu vermehren. Außerdem wirkt Azadirachtin auch auf verschiedene Arten von Nematoden (Fadenwürmer).

Ekdyson – Steuerhormon der Insekten

In seiner Struktur ähnelt Azadirachtin dem Insektenhormon Ekdyson, das den Metamorphoseprozess der Insekten steuert. Ekdyson beeinflusst im Körper der Insekten ein Organ, das der menschlichen Hypophyse ähnlich ist und den Hormonausstoß steuert.
Azadirachtin kann Hormondrüsen blockieren und wirkt somit als Wachstumsregulator. Sowohl die Larvenhäutung als auch die Metamorphose werden durch Azadirachtin gestört.

Der Inhaltsstoff des Niembaums Azadirachtin nimmt Einfluss auf das Fressverhalten der Schadinsekten: Nach dem Verzehr von niembehandelten Blättern fressen sie auch keine unbehandelten Blätter mehr.

Metamorphose

▶ Der Begriff »Metamorphose« kommt aus dem Griechischen und bedeutet ganz allgemein »Umwandlung« oder »Verwandlung«.

▶ In der Biologie versteht man unter Metamorphose die Entwicklung vom Ei zum geschlechtsreifen Tier. Dazu gehört bei den Insekten auch das Larvenstadium.

▶ Dieses Stadium unterscheidet sich in Gestalt und Lebensweise vom vollentwickelten Insekt.

▶ Dem Larvenstadium geht das Ruhestadium, die so genannte Verpuppung, voraus.

▶ Während der Zeit der Metamorphose wird vom Insekt keine Nahrung aufgenommen.

Mit Azadirachtin Insekten abwehren

Die Wirksamkeit eines Nieminsektizids ist direkt abhängig von seinem Azadirachtingehalt. In einem Gramm Niemsamen finden sich in der Regel zwischen zwei und sechs Milligramm Azadirachtin. Im Senegal wurden unter den unwirtlichsten Bedingungen sogar Mengen von bis zu neun Milligramm Azadirachtin pro Gramm gemessen. Je unwirtlicher die Umweltbedingungen sind, umso mehr Abwehrstoffe werden im Niembaum gebildet.

Die drei wichtigsten Wirkstoffe des Niembaums sind Azadirachtin, Salannin und Meliantriol. Zusammen beeinflussen sie die Metamorphose der Schadinsekten. Kurz: Aus den Larven schlüpfen keine Insekten mehr.

Salannin

Ein weiterer aus dem Niem isolierter Inhaltsstoff ist Salannin. Es verhindert sehr effektiv den Insektenfrass an Pflanzen. Salannin und Meliantriol haben hauptsächlich repellente (= abstoßende) Wirkung auf Schadinsekten und sind deshalb für den Vorratsschutz wichtig.

Meliantriol

Schon in extrem niedrigen Mengen stoppt dieser Inhaltsstoff des Niembaums die Fresslust der Schadinsekten. Besonders augenfällig sind dabei Erfahrungen mit Wanderheuschrecken, die alle anderen Pflanzen kahl fraßen, den Niembaum aber verschonten.

Nimbin und Nimbidin

Diese beiden Bestandteile des Niems wirken vor allem gegen Viren. Beispielsweise kann man Niem gegen Viruserkrankungen bei Kartoffeln oder auch bei Geflügel einsetzen. Nimbidin ist vor allem für den bitteren Geschmack des Niems verantwortlich.

Weitere Inhaltsstoffe

Die meisten Wirkstoffe des Niems sind in geringen Mengen enthalten, deswegen aber nicht weniger wirksam. Selbst in diesen kleinen Mengen können sie den Fressmechanismus der Schadinsekten lähmen. Dazu gehört beispielsweise ein neu entdecktes Limonoid namens Deazetylazadirachtinol. Dieses wird inzwischen gegen Schädlinge in Tabakpflanzen eingesetzt. Ähnlich wirken zwei dem Salannin verwandte Bestandteile: 3-Deazetylsalannin und Salannol.

Niem ist vielfältig wirksam gegen Bakterien, Viren, Pilze und Insekten. Noch sind die Anwendungsmöglichkeiten dieses indischen »Wunderbaums« bei weitem nicht ausreichend erforscht.

Wirkungen des Niems

Neben der insektiziden Wirkung des Wasser- und Alkohol- bzw. Hexanextrakts aus Niemsamen, die vor allem auf Azadirachtin, Salannin und Meliantriol zurückzuführen ist, und der antiviralen Eigenschaft des Nimbins und des Nimbidins entfalten alle Niempräparate weitere Qualitäten. Die bisher bekannten Wirkungen von Niembaum sind vor allem folgende:
▶ Antibakterielle Wirkung (gegen Bakterien)
▶ Antivirale Wirkung (gegen Viren)
▶ Fungizide Wirkung (gegen Pilze)
▶ Insektizide Wirkung (gegen Insekten)
▶ Spermizide Wirkung (spermienabtötende)

Der bittere Geschmack von Niem stammt vom Nimbin. Dieser Stoff wirkt jedoch ausgezeichnet gegen Viren.

All diese und noch weitere Effekte können Sie sich in der medizinischen Heilkunde, aber auch im Alltag, in Haushalt, Garten, für Balkon und für die Tierpflege zunutze machen.

Niembaumextrakte für Ihre Gesundheit

Auch Waschungen mit Niemextrakt sind förderlich für Ihre Gesundheit.

Schon die ältesten Sanskritschriften, aber auch die Veden, die religiöse Literatur Indiens, sprechen von den heilenden Wirkungen der Früchte und Samen, der Blätter, Wurzeln, Rinden und des Öls des Niembaums.

Niembaumextrakte in der Medizin

Besonders die Ayurvedamedizin nützt die heilenden Eigenschaften des Niems seit Jahrhunderten mit Erfolg. Aber auch in Afrika und in Lateinamerika, wo der Niembaum erst seit dem 19. Jahrhundert angesiedelt wurde, werden die verschiedenen Produkte des Niembaums zur Behandlung zahlreicher gesundheitlicher Beschwerden verwendet. In den frühen, über 2000 Jahre alten Schriften des Sanskrits werden Niemprodukte als wirksame Heilmittel gegen zahlreiche Krankheiten aufgeführt, darunter gegen:

Seit über zwei Jahrtausenden nutzen ayurvedische Mediziner die Heilkraft des Niembaums. Zunehmend erkennen auch westliche Mediziner die abwehrstärkende Wirkung dieses indischen Baums an.

- ▶ Anämie (Blutarmut), Bauchwassersucht
- ▶ Bluthochdruck
- ▶ Gelbsucht
- ▶ Geschwüre, Hämorrhoiden
- ▶ Lepra
- ▶ Nesselsucht
- ▶ Schilddrüsenerkrankungen
- ▶ Verdauungsstörungen
- ▶ Zahnerkrankungen

Heute besinnen sich nicht nur Mediziner in Indien auf die alten ayurvedischen Heilweisen. Auch westliche Mediziner schätzen deren Einfachheit und Wirksamkeit zur Gesunderhaltung und zum Aufbau eines stabilen Immunsystems.

Bakterielle Infektionen

Wissenschaftliche Versuche ergaben, dass Niembaumöl auch bei verschiedenen bakteriellen Erkrankungen erfolgreich eingesetzt werden kann, beispielsweise bei Staphylokokkeninfektionen und Typhus.
Durch Staphylokokken entstehen Lebensmittelvergiftungen, aber auch eiterbildende Hauterkrankungen wie Geschwüre und Abszesse. Viele dieser Krankheiten sind inzwischen resistent gegen Penizillin und andere Antibiotika.
Das Bakterium Salmonella typhosa findet sich vor allem in Lebensmitteln und Wasser und verursacht Lebensmittelvergiftungen, Typhus sowie eine Reihe von Infektionen, aus denen Blutvergiftung und Entzündungen der inneren Organe entstehen können. Die Wirkung der zur Zeit vorhandenen Antibiotika ist begrenzt.
Gegen verschiedene andere Bakterien allerdings zeigt der Niem keinerlei Wirkungen, beispielsweise gegen Zitrobakter und Kolibakterien.

Sanfte Niembaumprodukte oder harte Antibiotika – so lautet für viele Menschen heute die Frage. Immer mehr Bakterien werden gegen Penizillin und andere Antibiotika resistent. Nutzen Sie doch lieber die sanfte antibakterielle Wirkung von Niem.

Viruserkrankungen

In Indien wird Niem seit langer Zeit erfolgreich gegen Viruserkrankungen aller Art eingesetzt. Alle Arten von Pocken, aber auch Warzen werden seit Jahrhunderten mit Niemsalbe behandelt.
Extrakte der Niemblätter werden zur Vorbeugung gegen verschiedene Virusinfektionen verwendet. Meist wendet man sie bei Bädern und Waschungen mit Niembaumölzusätzen an.

Die ganzheitliche Ayurvedamedizin

»Ayurveda«, vor mehr als 2000 Jahren in den vedischen Schriften festgelegt, ist ein Begriff aus dem altindischen Sanskrit. Ayurveda bedeutet soviel wie das »vollständige Wissen vom Leben« bei Tieren, Pflanzen und Menschen.

Wie alle alten indischen Gesundheitstheorien versteht sich Ayurveda als ganzheitliche Lehre, als philosophisches Lebensprinzip.
Die Ayurvedalehre betrachtet den Menschen als eine Einheit von Körper, Geist, Verhalten und Umwelt.

Mit Niem gegen Warzen – dies funktioniert auf jeden Fall in Indien. Wenn Sie unter Warzen leiden, dann sollte Niem Ihnen einen Versuch wert sein.

Pilzerkrankungen

Den lästigen Fußpilz fängt man sich schnell in öffentlichen Schwimmbädern ein. Mit Niem können Sie ihn wirkungsvoll bekämpfen.

Niempräparate wirken gut gegen Pilzinfektionen des menschlichen Körpers. Dies ist vor allem deshalb interessant, weil Pilzerkrankungen zunehmend zu einer Art Volksseuche werden. Eine Versuchsreihe ergab, dass Niem gegen zahlreiche Pilzerkrankungen wirksam ist. Niem hilft u. a. gegen:

▶ Fußpilz: Der Pilz kann auch auf Zehen- und Fingernägeln auftreten.
▶ Ringelflechte: Sie betrifft neben der Haut auch die Fußnägel.
▶ Darmpilze: Sie stören die gesunde Verdauung.
▶ Hefepilze: Diese können neben den Bronchien und der Lunge auch alle anderen Schleimhäute befallen.

Malaria

Seit Jahrhunderten setzt die indische Ayurvedamedizin Niempräparate gegen Malaria ein. Auch in Nigeria und Haiti werden Tees aus Niemblättern erfolgreich zur Behandlung der Malaria verwendet.

Inzwischen wird diese Anti-Malaria-Wirkung von Niempräparaten auch wissenschaftlich erforscht, denn die Malaria tritt zur Zeit wieder in vielen Gebieten auf, wo man glaubte, diese Tropenkrankheit ausgerottet zu haben. Jährlich erkranken etwa 110 Millionen Menschen an der Malaria. Bis zu zwei Millionen Menschen sterben jährlich an dieser Krankheit und ihren Folgen.

Kopfschmerzen lassen sich mit Niem lindern: Hier erfahren Sie, wie Sie dabei vorgehen sollten.

Kopfschmerzen

Auch gegen Kopfschmerzen setzen die Inder den Niem ein. Versuchen Sie es auch einmal mit folgender Methode.

▶ Feuchten Sie Ihre Fingerspitzen leicht an, und tupfen Sie damit etwas gemahlenen Niemsamen auf.
▶ Nun massieren Sie mit den Fingerspitzen sanft die Stirn.
▶ Lassen Sie die Samen einige Minuten lang einwirken. Legen Sie sich dazu am besten in ein verdunkeltes Zimmer.
▶ Nach einiger Zeit sollten Sie die Niemsamen wieder abspülen.

Viele Beschwerden lindern

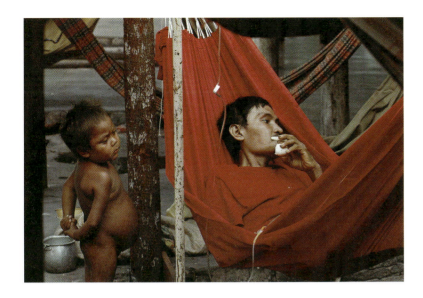

Noch immer erkranken in den tropischen Ländern jährlich etwa 110 Millionen Menschen an Malaria. Bis zu zwei Millionen sterben an der tückischen Krankheit und ihren Folgen. Niempräparate können helfen, die Seuche einzudämmen.

Hämorrhoiden

Mischen Sie Niembaum- und Sesamöl im Verhältnis 2:8, und geben Sie wegen des intensiven Niemgeruchs einige Tropfen wohlduftendes Rosenöl dazu. Massieren Sie damit nach der sorgfältigen Körperreinigung sanft den After ein.

Vorsicht, Niembaumöl nicht einnehmen

In Indien wird der Niembaum geradezu als Allheilmittel angesehen. Sogar kleinen Kindern und oft sogar Säuglingen wird Niembaumöl dort in großen Mengen verabreicht. In den letzten Jahren gab es deshalb auch mehrere Veröffentlichungen über mögliche Folgeerkrankungen aufgrund der Einnahme von Niembaumöl.

Diese Kinder hatten zwischen 5 und 30 Milliliter Niembaumöl zu sich genommen: Schwere Beeinträchtigungen des Gehirns, der Leber und anderer Organe waren die Folge. Obwohl die Behandlung von Erwachsenen mit sauberem Niembaumöl noch nie zu Schädigungen geführt hat, ist doch von der innerlichen Anwendung des Öls abzuraten – solange keine gesicherten Erkenntnisse vorliegen.

Achtung: Niembaumöl darf nicht innerlich angewendet werden. Deshalb nie Niembaumöl verzehren, schlucken oder auf die Schleimhäute bringen!

Niembaum für die Familienplanung

Mit Niembaumblättern die Empfängnis verhüten

In Madagaskar gibt es den Niembaum erst seit etwa 50 Jahren. Aber zuvor war bereits ein Baum bekannt, der dem Niembaum recht ähnlich war und auch ähnliche Wirkungen hatte.

Diese Wirkungen waren vor allem den Frauen vertraut – sonst hätten sie kaum so schnell die Verwendbarkeit des Niems zur Geburtenkontrolle erkannt. Täglich werden einige Blätter gekaut, um die Empfängnis zu verhüten. Danach ist die Empfängnisbereitschaft wieder ganz normal. Auch wenn man das Kauen der Blätter einmal vergessen hat, kann man noch bis zum siebten Tag nach dem Geschlechtsverkehr damit eine Schwangerschaft verhüten.

Niembaumblätter können eine ungewollte Schwangerschaft verhüten. Diese Erkenntnis machen sich die Frauen in Madagaskar schon lange zunutze.

Aspekte der Geburtenkontrolle

Die Männer auf Madagaskar sehen diese Wirkung des Niembaums allerdings weitaus kritischer: Viele wollen mehr Kinder als ihre Frauen – nicht zuletzt wegen der dadurch immer noch garantierten Altersversorgung, aber auch, weil sie die Kontrolle über die Familienplanung behalten wollen.

Frauen dagegen möchten lieber weniger Kinder: Zum einen ist jede Schwangerschaft in den Entwicklungsländern, wo die Frauen den Hauptanteil an der Feldarbeit leisten, sehr belastend. Zum anderen ist eine gute Ausbildung nur für wenige Kinder zu bezahlen. Deshalb muss die Geburtenzahl beschränkt bleiben.

Verhütung durch die Männer

Auch in Indien ist die Geburtenkontrolle mittels Niem schon seit langem bekannt. In Rajasthan hatten die Männer Rindenextrakte des Niembaums eingenommen und blieben so einen Monat lang steril. Wie sicher diese Form der Verhütung jedoch ist, kann erst durch weitere wissenschaftliche Tests nachgewiesen werden.

Natürlicher Schutz

Eine Alternative zur Pille ...

In jüngster Zeit haben indische Wissenschaftler eindrucksvoll bewiesen, dass sich aus Niembaumöl ein neues empfängnisverhütendes Präparat für Frauen gewinnen lässt. Die männlichen Samenzellen werden dadurch innerhalb von 30 Sekunden abgetötet, d. h., Niembaumöl hat eine hohe spermizide Wirkung. Das ergaben sowohl Labor- als auch Praxisversuche mit einer intravaginalen Dosis von einem Milliliter Niembaumöl. Nebenwirkungen wurden bei dieser Form der Familienplanung nicht festgestellt.

... ist die Verhütung mit Niembaumöl

Bei einer Testreihe mit 20 Angehörigen der indischen Armee und ihren Familien wurde das Niembaumöl auf seine Zuverlässigkeit bei der Geburtenkontrolle untersucht. Dieser Test erwies sich als so erfolgreich, dass der Projektleiter vom indischen Premierminister ausgezeichnet wurde. Als Konsequenz wurde ein Verhütungsmittel auf Niembaumölbasis produziert und unter dem Namen Sensal auf den indischen Markt gebracht.

Untersuchungen belegen, dass Niem nicht nur zur vorsorgenden Empfängnisverhütung geeignet ist, sondern dass er auch noch am »Morgen danach« erfolgreich angewendet werden kann.

Familienplanung ist in vielen Entwicklungsländern notwendig, um die drängenden sozialen Probleme zu mildern. Niempräparate bieten eine natürliche Alternative zu westlichen Verhütungsmethoden, die hier nur zögernd angenommen werden.

Die »Pille für den Mann« scheint nahe

Andere Komponenten des Niembaums scheinen uns endlich die »Pille für den Mann« zu versprechen. Dabei wird die Produktion von Spermien in keiner Weise beeinträchtigt – Mann bleibt Mann. Außerdem ist die Wirkung des Niems zeitlich begrenzt; die Fruchtbarkeit des Mannes ist also nur für einen gewissen Zeitraum unterbrochen.

Niemblattextrakte versprechen die Aussicht auf sichere und natürliche Produkte, mit denen auch Männer aktiv zur Geburtenkontrolle beitragen können. Ganz wichtig, dabei zu wissen: Bei der Anwendung von Niembaumextrakten kommt es weder zu Impotenz noch zu sexueller Unlust – weder beim Mann noch bei der Frau.

> Geburtenkontrolle ist das ganz große Thema nicht nur in der Dritten Welt. Der Niembaum eröffnet hier völlig natürliche Verhütungsmöglichkeiten und gewinnt damit auch soziale Aspekte.

Drei Wirkstoffe zur Verhütung

Seit Jahrhunderten wird die spermizide und abtreibende Wirkung des Niems genutzt. Indische Forscher haben kürzlich drei für diese Wirkung wichtige Substanzen aus dem Niembaumöl isoliert:

▶ Die eine tötet Spermien ab und eignet sich als vaginales Verhütungsmittel, etwa in Form von Scheidenzäpfchen oder -cremes.

▶ Der zweite Stoff verhindert die Einnistung des befruchteten Eis im Frühstadium der Schwangerschaft.

▶ Der dritte Stoff wirkt abtreibend.

Geburtenkontrolle gegen Bevölkerungsexplosion

Bevölkerungsexperten sind sich international einig, dass die Bevölkerungsexplosion auf unserem Planeten – die schon jetzt in den Entwicklungsländern ein großes Problem ist – die noch verfügbaren natürlichen und ökonomischen Ressourcen erschöpfen könnte. Bis zum Jahr 2025 wird die Weltbevölkerung wahrscheinlich um weitere 3,2 Milliarden Menschen ansteigen. Allein bis zum Jahr 2000 wird sich die Bevölkerung in den Ländern der Dritten Welt, die heute schon ihre Einwohner nicht ausreichend ernähren können, um 1,7 Milliarden Menschen vermehren.

Unerwünschte Schwangerschaften vermeiden

Gerade in den ärmsten Ländern der Erde sind die sozialen Folgen der Überbevölkerung zu spüren. Niembaumöl kann helfen, unerwünschte Schwangerschaften auf natürliche Weise zu verhüten.

Soziale Folgen der Überbevölkerung

Vor allem in den finanziell sehr schwachen und sozial zumeist unterprivilegierten Regionen können Niemextrakte unerwünschte Schwangerschaften und damit die massive Bevölkerungsexplosion auf einfache und zudem kostenlose Weise verhüten. Denn gerade in diesen ärmsten Ländern der Erde – also dort, wo die meisten Kinder geboren werden, aber gleichzeitig die soziale Armut am größten ist – ist der Niembaum am weitesten verbreitet.

Um die sozialen Folgen der Überbevölkerung mit Niembaum zu mildern, muss jedoch noch sehr viel Forschungsarbeit betrieben werden, da die Erkenntnisse über Niem noch immer sehr lückenhaft sind. Aber das Ziel wäre wohl der Mühe wert, denn die Vorteile einer Empfängnisverhütung mit Niem sind groß:

▶ Niem ist ein reines Naturprodukt.
▶ Niem ist leicht erhältlich.
▶ Niem ist kostengünstig.
▶ Niem ist ungiftig.
▶ Niem hat keine unerwünschten Nebenwirkungen, wie beispielsweise hormonelle Probleme.

Niembaumöl als Verhütungsmittel hat viele positive Aspekte. Zusätzlich ist diese Methode kostengünstig und frei von unerwünschten Nebenwirkungen.

Niembaumprodukte für die Körperpflege

Kosmetika

Zähne putzen mit Niem? In Indien ist das eine übliche Methode: Die Menschen kauen einen Niemzweig so lange, bis er zerfasert ist. Die antiseptische Wirkung ist unumstritten.

In Indien wird Niembaumöl zur Herstellung zahlreicher Kosmetika verwendet. Niemseifen gibt es bereits seit etwa 50 Jahren. Inzwischen hat sich die Produktpalette um Cremes, Lotionen, Shampoos, Haarwässer und Mundwässer erweitert. Alle diese Kosmetika sind frei von dem unangenehmen Niemgeruch, weil die Niemsamen zunächst mit Alkohol und anschließend mit Hexan extrahiert werden.

In Deutschland, Österreich und der Schweiz finden Sie Niemkosmetika vor allem in Bio- und Alternativläden.

Zahnpflege

Obwohl in Indien Zahnbürsten und Zahnpasta eher selten sind, haben die meisten Inder leuchtend weiße und gesunde Zähne. Experten der Zahnmedizin führen diese verblüffende Tatsache auf den regelmäßigen Gebrauch der so genannten Kaustäbchen zurück: Jeden Morgen brechen Millionen Inder einen kleinen Zweig vom Niembaum ab, kauen ein Ende davon in eine bürstenartige Form und bearbeiten damit Zähne und Gaumen.

Niembaumprodukte erhalten Sie sowohl in gut sortierten Alternativ- und Bioläden als auch in Apotheken und Reformhäusern. Die angebotene Produktpalette wird im Lauf der Zeit sicher breiter werden.

Wissenschaftliche Untersuchungen haben bewiesen, dass die Bestandteile der Niembaumrinde stark antiseptisch wirken. Sie sind außerdem wirksam gegen Karies und Zahnfleischentzündungen.

Allergisch auf Niembaumöl?

Da Menschen gegen viele Stoffe allergisch reagieren können, sollten Sie mit Niembaumöl einen Hauttest machen.
▶ Geben Sie einige Tropfen Niembaumöl auf die Haut in der Armbeuge.
▶ Lassen Sie das Öl mindestens eine Stunde lang einwirken.
▶ Wenn Hautreizungen oder Rötungen auftreten, sollten Sie die Stelle mit viel frischem Wasser gut abspülen, damit das Niembaumöl gründlich entfernt wird.

Empfehlenswert in Deutschland ist Dr. Grandels Niemzahnpasta, die von der Firma Keimdiät in Augsburg hergestellt wird und in Apotheken und Reformhäusern erhältlich ist. Sie enthält Auszüge der Niembaumrinde, mit der in Indien seit langem Zahnpflege betrieben wird.

Haarpflege

Besonders bewährt hat sich das Niembaumöl in der Haarpflege. Diese Anwendung ist in Indien bereits seit Jahrtausenden bekannt. Möglicherweise liegt es am Gebrauch des Niembaumöls, dass die meisten Inderinnen und Inder so beneidenswert schönes, volles und glänzendes Haar haben. Die wertvollen Inhaltsstoffe des Niembaumöls kräftigen auch Ihr Haar und verleihen ihm einen seidigen Glanz.

Schuppen und Haarausfall

Durch regelmäßige Verwendung eines gebrauchsfertigen Niemshampoos können Sie Schuppen und Haarausfall sicher vorbeugen. Wenn Sie kein Niemshampoo finden, dann können Sie dieses auch leicht selbst zubereiten: Geben Sie einige Tropfen Niembaumöl unter die Shampoomenge, die Sie normalerweise zum Waschen verwenden. Da der Geruch von Niem nicht sehr angenehm ist, empfiehlt sich die zusätzliche Beimischung von ein oder zwei Tropfen Lavendelöl oder einem anderen duftenden Öl.

Falls Ihnen bei der Haarwäsche Niem in die Augen kommt, sollten Sie diese sofort und gründlich mit viel frischem Wasser ausspülen!

Kopfläuse, Flöhe, Milben

In Indien und in Bangladesch wird Niembaumöl erfolgreich zur Behandlung von Kopfläusen eingesetzt. Inzwischen gibt es auch in Deutschland ein spezielles Shampoo auf Niembaumölbasis, das Kopfläuse wirksam bekämpft (Bezugsquellen auf Seite 94).
Seit einiger Zeit treten in Kindergärten und Schulen vermehrt Kopfläuse auf. Deshalb sollten Eltern Bescheid wissen, wie sie ihre Kinder vor diesen Parasiten schützen bzw. wie sie die Läuse vertreiben können. Auch Erwachsene können Kopfläuse bekommen!

Läuse sind kein Zeichen von Unsauberkeit

Läuse können auch auf sauber gepflegten Köpfen vorkommen. Jeder kann Läuse bekommen. Denn Läuse werden immer von befallenen Menschen oder von deren Gebrauchsgegenständen wie Kamm, Bürste, Mütze usw. übertragen.

Wenn sich Ihr Kind ständig am Kopf kratzt, sollten Sie nachschauen, ob sich diese Blutsauger in seinen Haaren festgesetzt haben. Am besten scheitelt man das Haar mit einem Kamm Strich für Strich und sucht mit einer Leselupe nach Läusen oder deren Eiern (Nissen). Besonders gründlich sind die Haare in der Schläfen-, Ohren- und Nackengegend zu untersuchen. Vor allem bei längerem, dichtem Haar herrscht hier die optimale Temperatur zur Eiablage.

> Jeder kann Kopfläuse bekommen, denn sie werden schon mit einer Bürste übertragen. Oft bringen Kinder diese Blutsauger aus der Schule oder aus dem Kindergarten mit.

Kopfhautentzündung droht

Die ausgewachsenen, sechsbeinigen Läuseweibchen sind bis zu drei Millimeter lang und von grauer Farbe. Wenn sie sich gerade mit Blut vollgesogen haben – was alle zwei bis drei Stunden geschieht –, dann erscheinen sie rötlich. Der beim Blutsaugen in die Kopfhaut gelangende Speichel der Laus verursacht heftigen Juckreiz. Kratzen und Kratzwunden, die durch Eitererreger und Hautpilz infiziert werden können, sind dann meist die Folge. Auch kann es zu eitrigen Hautausschlägen und Schwellungen der Lymphknoten kommen. In diesem Fall sollten Sie unbedingt den Arzt aufsuchen!

Nissen – wie Perlen an einer Schnur

Bei der Untersuchung des Kopfes soll aber nicht nur nach Läusen gefahndet werden, sondern auch nach deren Eiern, den Nissen. Sie sind etwa 0,8 Millimeter lang, weißlich bis gelblich glänzend und gerade noch mit bloßem Auge zu erkennen. Die Nissen kleben fest an den Haaren – wie Perlen an einer Schnur –, vor allem in der Nähe der Kopfhaut. Deshalb lassen sich die Nissen auch nicht durch eine einfache Kopfwäsche entfernen.

Läusekämme aus der Apotheke

Weil die Nissen so winzig sind, können Sie sie nicht mit gewöhnlichen Kämmen abstreifen. Spezielle Läusekämme gibt es in der Apotheke zu kaufen.

Sie können aber auch den ganzen Körper mit einer Niemlotion einreiben. Eine Rezeptur zur eigenen Herstellung einer solchen Lotion finden Sie im Kasten. Es gibt auch fertige Niemprodukte für die Körperpflege zu kaufen (Bezugsquellen auf Seite 94).

Nissen – die Eier der Läuse – finden Sie fast nur mit der Lupe. Ein Läusekamm aus der Apotheke leistet hier gute Dienste.

Niemlotion zur Körperpflege

Zutaten

▶ 12 g (2 gehäufte EL) gemahlene Niemsamen
▶ 1/4 l lauwarmes Leitungswasser oder destilliertes Wasser
▶ Einige Tropfen Lavendel- oder Teebaumöl

Herstellung der Niemlotion

▶ Übergießen Sie die Niemsamen mit dem lauwarmen Wasser. Rühren Sie die Flüssigkeit gut durch.
▶ Lassen Sie das Gemisch 3 Stunden lang stehen.
▶ Zwischendurch immer wieder umrühren.
▶ Filtrieren Sie danach die Lösung sorgfältig durch ein Haarsieb oder eine Mullbinde.
▶ Gießen Sie die Lösung anschließend noch einmal durch Kaffeefilterpapier, damit keine festen Bestandteile mehr in der Flüssigkeit zurückbleiben.

▶ Sie sollten dann einige Tropfen Teebaum- oder Lavendelöl unter das Gemisch geben, um den Geruch zu verbessern.
▶ Sie können auch ein anderes ätherisches Öl verwenden wie Zitronenöl oder Eukalyptusöl.
▶ Das Gemisch in eine Flasche abfüllen und vor Gebrauch gut durchschütteln.
▶ Die Flasche sollten Sie kühl und dunkel lagern und nicht länger als 3 Tage aufbewahren.

Anwendung der Niemlotion

▶ Reiben Sie nach dem Duschen oder Baden den ganzen Körper mit dieser Lotion ein.
▶ Achten Sie darauf, dass die Lotion nicht in die Augen oder auf die Schleimhäute kommt.
▶ Bei Bedarf können Sie sich auch mehrmals pro Tag mit dieser Lotion einreiben.

Ein neues Antiläuseshampoo

Sie können auch ein fertiges Niemshampoo erwerben und dies zur Vorbeugung anwenden. Oder Sie verwenden das von der Firma Trifolio-M speziell entwickelte Läuseshampoo. Dieses befindet sich zur Zeit noch in der Testphase und wird deshalb ausschließlich unter Aufsicht des Arztes angewendet. (Die Kontaktadresse der Firma finden Sie auf Seite 94.)

Niembaumprodukte werden immer populärer. Auch für die Haarwäsche gibt es schon gebrauchsfertige Shampoos auf Niembaumbasis.

Shampoo zur Vorbeugung

▶ Massieren Sie am ersten Tag bei normaler Haarlänge (bis etwa kinnlang) etwa 10 Milliliter (4 Teelöffel) gründlich in die gut angefeuchteten Haare ein.
▶ Bei längerem Haar (über Kinnlänge) verwenden Sie entsprechend mehr Shampoo.
▶ Lassen Sie das Shampoo 10 Minuten lang einwirken.
▶ Spülen Sie nun mit viel warmem Wasser nach.
▶ Achten Sie darauf, dass Sie kein Shampoo in die Augen bringen.
▶ Wiederholen Sie diese Haarwäsche 3 Tage nach dem ersten Mal und erneut 10 Tage später.

Wenn Sie der Geruch der Niembaumpräparate stört, dann können Sie mit Teebaumöl, Zitronenöl oder anderen ätherischen Ölen leicht Abhilfe schaffen.

Niembaumprodukte für die Körperpflege

Es gibt für die Körperpflege inzwischen auch einige gebrauchsfertige Niembaumprodukte deutscher Firmen.

Haarpflege
Die Firma Wala-Heilmittel GmbH in 73085 Eckwälden bietet ein Haartonikum und eine Haarkur an.

Nagelpflege
Ein Nagelöl auf Niembasis stellt die Firma Wala-Heilmittel GmbH in 73085 Eckwälden her.

Zahnpflege
Die Firma Keimdiät GmbH Augsburg, Dr. Grandel, vertreibt eine Zahncreme auf Niembasis.

Niembaumprodukte bei der Tierpflege

Auch zur Therapie unterschiedlichster Erkrankungen und Verletzungen bei Tieren eignet sich der Niem hervorragend. So werden in Indien und in anderen Ländern, in denen der Niembaum wächst, offene Wunden an den Tieren mit zerdrückten Niemblättern abgerieben, um die Maden daraus zu vertreiben. Ebenso dienen Niemsamenextrakte zur Abwehr der verschiedensten Fliegenarten.

Ayurvedamedizin für Tiere

Schon in den alten Sanskritschriften finden wir detaillierte Hinweise auf die Verwendung von Niemprodukten in Tierpflege und Tiermedizin. Wie in der Heilkunde für Menschen ist auch hier die Ayurvedamedizin der Ausgangspunkt für eine Behandlung.

In der Ayurvedamedizin für Tiere wird Niem für die Behandlung zahlreicher Krankheiten eingesetzt, darunter gegen Rinderpest, Tuberkulose, bei Parasitenerkrankungen und Verletzungen, bei fast allen Ohr- und Augenerkrankungen, bei Verdauungsbeschwerden, Koliken sowie bei Wurmerkrankungen.

Niem gegen Parasiten

Mit Niem können Sie auch Ihre vierbeinigen Hausgenossen vor Ungeziefer schützen. Niem wirkt gegen Flöhe, Läuse, Milben usw. und eignet sich auch zur Vorbeugung gegen diese Plagegeister.

Zur Behandlung Ihrer Haustiere mit Niembaumöl haben Sie zwei Möglichkeiten:

▶ Entweder Sie stellen ein Shampoo oder ein Duschgel für Ihren Hund oder für Ihre Katze selbst her. Anleitung und Rezepturen finden Sie auf der folgenden Doppelseite.

▶ Oder Sie kaufen ein gebrauchsfertiges Shampoo oder Gel zur Tierpflege. Eine Firma in Wien bietet derartige Tierpflegeprodukte auf Niembasis im Handel an. (Bezugsquellen und Kontaktadressen finden Sie auf Seite 94.)

Sie können auch Ihre Haustiere (z. B. Hunde oder Katzen) mit dem hier beschriebenen Haarshampoo behandeln. Setzen Sie dann eine entsprechend größere Menge an.

Tierpflege leicht gemacht

Die antibakterielle Wirkung des Niembaums hilft nicht nur beim Menschen. Niembaumpräparate sind deshalb gut geeignet für den Einsatz bei der Tierpflege.

Niembaumpräparate eignen sich gut zur Pflege Ihrer Haustiere. Hier finden Sie Anleitungen für ein Hundeshampoo sowie zu Duschpräparaten für Hunde und Katzen.

Hundeshampoo

Zutaten
▶ Gewöhnliches Hundeshampoo
▶ Je nach Größe des Hundes 1/2 – 1 TL Niembaumöl

Herstellung der Shampoomischung
▶ Mischen Sie das Niembaumöl unter das Hundeshampoo.
▶ Da Niembaumöl unangenehm riecht, empfiehlt es sich, einige Tropfen Teebaumöl zuzugeben – dieses wirkt zusätzlich Ungeziefer abweisend und desinfizierend.
▶ Nun shampoonieren Sie Ihren Hund wie gewohnt.

Dusche für Hunde und Katzen (I)

Zutaten
▶ 12 g (2 gehäufte EL) gemahlene Niemsamen
▶ 1/4 l lauwarmes Wasser

Herstellung der Dusche
▶ Übergießen Sie die Niemsamen mit dem lauwarmen Wasser.
▶ Rühren Sie die Flüssigkeit gut durch.
▶ Lassen Sie das Gemisch 3 Stunden lang stehen; zwischendurch immer wieder umrühren.
▶ Filtrieren Sie das Ganze danach durch ein Haarsieb.
▶ Gießen Sie die Mischung noch einmal durch einen feinen Damenstrumpf ab.
▶ Sind immer noch feste Bestandteile in der Flüssigkeit vorhanden, muss noch einmal mit einem Kaffeefilterpapier filtriert werden.

Ungezieferfreies Fell

Anwendung der Dusche
▶ Besprühen Sie Ihre Haustiere mit dieser Duschmischung.
▶ Für die Durchführung der Hundedusche eignet sich am besten eine Blumendusche oder ein Wasserzerstäuber.
▶ Katzen sind oft nicht begeistert von dieser Behandlung – in diesem Fall sollten Sie lieber zu einem der anderen Mittel greifen.
▶ Für größere Haustiere wie Schafe und Pferde setzen Sie eine entsprechend größere Menge der Mischung an.

Dusche für Hunde und Katzen (II)

Zutaten
▶ 8 ml (1 EL) Niembaumöl
▶ 2 ml (1/2 TL) Niembaumölemulgator
▶ 1 l lauwarmes Wasser

Herstellung der Dusche
▶ Mischen Sie Niembaumöl und Niembaumölemulgator.
▶ Gießen Sie das Ganze mit lauwarmem Wasser auf.
▶ Rühren Sie dann sehr gut durch.
▶ Brausen Sie Ihr Haustier mit dieser Mischung – entweder mit einer Gießkanne oder mit einer Blumendusche – ab.

> **Bei größeren Hunden empfiehlt es sich, die Bade- bzw. Duschprozedur im Freien durchzuführen – nicht zuletzt, weil sich Hunde nach dem Bad gern schütteln.**

Fertige Tierpflegeprodukte

Sie können für die Pflege Ihrer Haustiere auch fertige Niemprodukte verwenden. Die Firma Niem GmbH, Wien, bietet hier das Shampoo Niemvital sowie das Niemvital Aktivgel an.
▶ **Niemvital:** Das Haarpflegeshampoo pflegt und schützt das Tierfell vor Flöhen, Läusen und anderen Fellparasiten.
▶ **Niemvital Aktivgel:** Dieses Gel eignet sich zum Schutz besonders gefährdeter Fellpartien. Örtlich aufgetragen lindert dieses Aktivgel den Juckreiz und schützt vor neuem Befall durch die Parasiten. Das Gel wirkt gegen Schädlinge wie Flöhe, Läuse, Zecken, Milben usw. und zerstört deren Brutnester.

Niembaumprodukte gegen Krankheiten

Auch bei Bluthochdruck eignet sich Niem als sanftes Mittel.

Nachfolgende Liste bietet Ihnen innerliche und äußerliche Anwendungsmöglichkeiten von Niembaum bei Krankheiten und Beschwerden sowie für Kosmetika und die Zubereitung in der Ayurvedamedizin.

Innerliche Anwendungen

Atembeschwerden

Bei trockenem Husten und bei Tuberkulose hat sich die Einnahme eines abgekochten Suds aus Niembaumrinde bewährt. Zur Hustenlinderung ein Gramm Niemblattpulver zweimal täglich einnehmen.

Blasenerkrankungen

Niembaumpräparate helfen bei zahlreichen Beschwerden und Erkrankungen. Wie Sie Atembeschwerden, Durchfall oder Hautkrankheiten lindern können, erfahren Sie in diesem Kapitel.

Ein starker Tee aus pulverisierten Niemblättern wird gegen Blasenerkrankungen jeder Art verordnet.

Bluthochdruck

Um den Blutdruck zu senken, empfehlen indische Ärzte einen Sirup, der aus dem Presssaft von Niemblättern hergestellt wird.

Diabetes mellitus (Zuckerkrankheit)

Indische Ärzte empfehlen ihren Patienten, bei Zuckerkrankheit drei Monate lang jeden Morgen auf nüchternen Magen einen Esslöffel Presssaft aus Niemblättern einzunehmen. Sie können auch jeden Morgen zehn Niemblätter kauen.

Durchfall

Gegen Durchfall verwendet die Ayurvedamedizin den Presssaft aus Niemblättern: Wenn Sie mehrmals täglich einen Teelöffel Saft mit Zucker einnehmen, dann wird der Durchfall gelindert.

Hautkrankheiten

Ekzeme, Krätze und Ringelflechte werden von indischen Ärzten nicht nur äußerlich, sondern auch innerlich mit Niemöl behandelt: Fünf bis zehn Tropfen Niemöl werden mit drei Gramm pulverisierten Blättern gemischt und mit Zucker eingenommen.

Krebs

Nach ayurvedischer Anschauung entsteht Krebs dadurch, dass sich Giftstoffe im Blut festsetzen und gleichzeitig eine ungesunde Hitze im Körper entsteht. Zur Unterstützung anderer Therapiemaßnahmen wird deshalb zur Blutreinigung und Abkühlung empfohlen, täglich morgens auf nüchternen Magen zehn bis zwölf Niembaumblätter zu kauen. Bitte beachten Sie: Niembaum ist ausschließlich eine therapiebegleitende Maßnahme und kein Ersatz!

Die Bestandteile des Niembaums sind in der Medizin vielseitig einsetzbar. Innerlich angewendet helfen sie als Presssaft, Tee, Öl oder als Mischungen aus Öl und Pulver.

Leberbeschwerden

Bei Leberbeschwerden und Gelbsucht geben ayurvedische Ärzte den Presssaft von Niemblättern. Der Patient nimmt jeden Morgen zwei Teelöffel des Presssafts mit etwas Honig – so werden die Beschwerden rasch gelindert.

Lepra

Sogar Lepra kann mit Niem behandelt und unter Umständen sogar geheilt werden. Die Ayurvedamedizin empfiehlt, zweimal täglich zehn Tropfen Niemöl mit etwas Zucker einzunehmen.

Niembaumprodukte gegen Krankheiten

Die Anophelesmücke ist der Überträger der gefürchteten Malariaerreger. Die gefährlichen Insekten können mit Niempräparaten erfolgreich bekämpft werden.

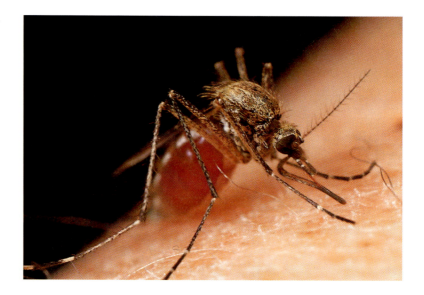

Malaria

In Indien werden getrocknete Niemblätter und pulverisierte Niemrinde innerlich gegen Malaria gegeben. Ayurvedische Ärzte empfehlen, zwei bis drei Gramm dreimal täglich als Teeaufguss zuzubereiten und in kleinen Schlucken einzunehmen.

Da die Malaria durch Moskitos übertragen wird, kann Niem auch als wirksamer Insektenschutz eingesetzt werden.

Niemöl wird dazu mit Kerosin vermischt und verbrannt und als Räuchermittel gegen Insekten benutzt: 1 Gramm Niemöl auf 100 Gramm Kerosin. Oder: Niemöl wird mit Kokosöl vermischt und auf die Haut aufgetragen. Mischungsverhältnis: 2 Gramm Niemöl auf 98 Gramm Kokosöl. So ist der Körper für mindestens zwölf Stunden vor Insektenstichen generell geschützt.

Malaria wird durch die Anophelesstechmücke übertragen. Hier kann Sie Niembaumöl zweifach schützen – als Insektenschutzmittel und auch noch nach der Infektion.

Übelkeit

Zwei bis fünf Niemblätter werden bei ständiger Übelkeit und wiederholtem Erbrechen unter ein beliebiges Gemüse, z. B. Kichererbsen, gemischt und mitgekocht.

Äußerliche Anwendungen

Hämorrhoiden

Ayurvedische Ärzte empfehlen bei Hämorrhoiden die tägliche Einreibung mit einer aus Niemfrüchten gewonnenen Salbe. Sie können aber auch reines Niemöl oder eine Mischung aus Niemöl und Olivenöl im Verhältnis 1:5 verwenden.

Hautkrankheiten

Bei Hautkrankheiten aller Art empfiehlt sich die Behandlung mit Niemöl. Dafür wird Oliven-, Avocado- oder Kokosöl im Verhältnis 9:1 mit Niemöl gemischt. (Um den unangenehmen Geruch zu mindern, können Sie auch einige Tropfen Lavendelöl dazugeben.)
Gegen den Juckreiz bei Ekzemen und Schuppenflechte helfen Bäder, denen eine Abkochung von Niemblättern zugegeben wird. Aber Sie können auch Badeöl mit etwas Niemöl mischen und dieses ins Badewasser geben.

Bei allen Anwendungen von Niembaumöl können Sie den unangenehmen Geruch dieses Öls mit ein paar Tropfen Teebaum- oder Lavendelöl überdecken.

Infektionskrankheiten

Niem hat sich auch als Vorbeugungsmaßnahme gegen die Ausbreitung von Infektionskrankheiten wie Masern, Windpocken usw. bewährt. Man kann Niemblätter gebündelt im Haus aufhängen oder sie auf das Bett des Patienten legen. Auch die Verbrennung der Blätter hilft, die Krankheit zu lindern und einer Verbreitung vorzubeugen. Zum Waschen eines infizierten Patienten, aber auch für alle, die mit ihm in Berührung kommen, ist Niemseife wegen ihrer bakteriziden Wirkung besonders zu empfehlen.

Kopfschmerzen

Pulverisierter Niemsamen wird pur oder mit etwas Wasser verdünnt sanft auf der Stirn einmassiert – dies bringt meistens eine schnelle Linderung der Kopfschmerzen.

Rheumatische Beschwerden

Die Körpermassage mit Niemöl kann auch akute rheumatische Schmerzen lindern. Dazu wird Niemöl im Verhältnis 1:5 mit Oliven-, Avocado- oder Kokosöl gemischt und sanft in die schmerzenden Hautpartien einmassiert.

Die positiven Wirkungen von Massagen sind weithin bekannt. Hier bietet sich Niembaumöl als gesundes und heilkräftiges Massageöl an. Gegen den unangenehmen Geruch helfen auch hier ein paar Tropfen Lavendel- oder Teebaumöl.

Scheidenentzündung

Hier empfehlen sich Spülungen und Sitzbäder. Dazu werden zwei Hand voll getrocknete Niemblätter aufgekocht und nach dem Abkühlen abgeseiht. Die Flüssigkeit wird mit Wasser verdünnt.

Wundbehandlung

Infizierte Wunden, Abszesse und Geschwüre können wirksam mit Niem behandelt werden – mit einer Niemsalbe oder mit Niemöl. Wunden und Geschwüre sprechen sehr gut auf tägliche Waschungen mit einer Abkochung von Niemblättern an. Geschwüre werden mit Zitronensaft behandelt, in dem zerkleinerte Niemblätter eingeweicht wurden.

Massagen mit Niembaumöl lösen Verspannungen, fördern die Hautdurchblutung und lindern rheumatische Schmerzen in den Gelenken.

Kosmetische Anwendungen

Badezusätze

Eine Abkochung von Niemblättern ist ein empfehlenswerter Badezusatz. Dieser lindert nicht nur den durch Hautkrankheiten hervorgerufenen Juckreiz, sondern reinigt auch ganz allgemein die Haut und regt außerdem den Kreislauf an. Dieselbe Wirkung hat ein Niembadeöl.

Bäder und Wasseranwendungen verbinden auf besonders gesundheitsfördernde Weise die Stimulierung des Kreislaufs (durch das Wasser) mit der Anregung der Atemwege (durch ätherische Öle). Als beliebte Wasseranwendungen stehen Ihnen zur Verfügung:

▶ Waschungen
▶ Güsse
▶ Halb- und Ganzbäder

Tipp: Vor allem nach langen und sehr warmen Wannenbädern empfehlen sich heiße und kalte Wechselduschen.

Für die tägliche Körperpflege gibt es bereits ein recht großes Sortiment an Pflegeprodukten auf Niembaumbasis – von Badezusätzen über Seifen bis zu Shampoos.

Creme

Hautcremes auf Niemölbasis verbessern den Teint und wirken gegen Hautunreinheiten wie Pickel und Mitesser.

Seife

Seit vielen Jahren wird in Indien Niemseife hergestellt. Diese ist inzwischen auch bei uns erhältlich. Diese Seife wirkt gegen Bakterien und verhindert übermäßiges Schwitzen und Körpergeruch. Außerdem reinigt Sie die Haut von Pickeln und Mitessern und verbessert den Teint.

Shampoo

Niemshampoo verbessert die Haarstruktur und wirkt gegen Schuppen. Auch als zusätzliche Maßnahme bei der Läusebekämpfung empfiehlt sich das Niemshampoo.

Bitte achten Sie darauf, dass Sie keine Niembaumprodukte auf die Schleimhäute oder in die Augen bekommen. Falls doch – mit viel kaltem Wasser ausspülen.

Zubereitungen in der Ayurvedamedizin

Hier erfahren Sie, welche Zubereitungsformen es in der Ayurvedamedizin gibt. Die Anweisungen sind hier speziell auf verschiedene Niembaumpräparate bezogen. Sie können die hier genannten Methoden jedoch auch bei zahlreichen anderen Pflanzen benützen. Diese kleine alphabetische Aufstellung kann Ihnen erste, einführende Hinweise für naturmedizinische Heilmethoden geben.

Abkochung

Fünf Gramm Niemblätter werden mit zwei Tassen Wasser solange aufgekocht, bis das Wasser auf die Menge einer Tasse reduziert ist. Dann wird die Flüssigkeit durch ein feines Sieb oder Kaffeefilterpapier sorgfältig abgegossen, damit keine Rückstände mehr übrig bleiben.

Destillation

In einer Destillationsanlage werden Niemblätter und Wasser im Verhältnis 1:16 aufbereitet.

Extrakt

Niemblätter oder Niemrinde wird im Verhältnis 1:16 mit Wasser in einem Topf vermischt und solange aufgekocht, bis die Flüssigkeit auf ein Viertel der ursprünglichen Menge reduziert ist. Diese Flüssigkeit wird sorgfältig abgefiltert und dann bei niedriger Temperatur nochmals auf ein Viertel reduziert.

Pulver

Die getrockneten Niemblätter bzw. die getrockneten Niemrindenstücke werden grob zerkleinert, anschließend fein zermahlen und durch ein feinmaschiges Sieb gegeben; die Rückstände werden anschließend erneut zu Pulver vermahlen oder entsorgt.

Nebenstehende Zubereitungsformen können Sie für zahlreiche Anwendungen benützen – selbstverständlich auch für Niembaum.

Formen der Aufbereitung

Aus den festen Kernen (rechts) werden die braunen Samen des Niembaums gewonnen. Das daraus gemahlene Pulver wird direkt verwendet oder mit Extraktionsmitteln versetzt, um die Wirkstoffe herauszulösen.

Saft

Frische Niemblätter werden mit etwas Wasser vermischt und dann so lange zerstampft, bis eine Art zähflüssiger Teig entsteht. Dieser wird durch ein Mulltuch gepresst. Die innere Rinde des Niembaums kann ebenfalls für Abkochungen verwendet werden. Man kocht zehn Gramm mit vier Tassen Wasser solange auf, bis die Menge auf eine Tasse Flüssigkeit reduziert ist. Dann wird die Flüssigkeit durch ein feines Sieb oder durch Kaffeefilterpapier sorgfältig abgeseiht.

Salbe

Niempulver (siehe die Zubereitung von Pulver) wird mit Vaseline im Verhältnis 1:5 verrührt.

Tampon

Ein Tampon wird in Niembaumöl getränkt. Dazu wird abgekochtes Wasser mit einigen Tropfen Niembaumöl vermischt und der Tampon darin eingetaucht.

Kaffeefilterpapier eignet sich hervorragend, um Niembaumgemische fein und säuberlich zu trennen. Aber ein Nylonstrumpf tut dies auch.

Gesund mit ätherischen Ölen

Das Einatmen von ätherischen Ölen hilft rasch bei vielen Beschwerden.

Niembaumöl bietet viele heilsame Anwendungsmöglichkeiten. Wie auch zahlreiche andere ätherische Öle wirkt Niembaumöl vor allem auf der Haut und über die Atemwege.

Nachfolgendes Kapitel gibt Ihnen einen kurzen Überblick über ätherische Öle und über deren Herstellung. Da Niembaumöl nicht gerade besonders angenehm riecht, ist es allein für die Aromatherapie nicht geeignet. Sie können jedoch eines oder mehrere andere ätherische Öle mit Niembaum mischen und erreichen so einen doppelten Nutzen – die gesundheitsfördernde Wirkung des Niems wird dadurch kombiniert mit den wohlriechenden Düften anderer Öle. Besonders gut eignen sich dafür frische Zitrusdüfte.

Wie der Geruchssinn funktioniert

Das Geruchsgedächtnis ist oft viel ausgeprägter als viele meinen. Räume, Situationen und Personen erkennen Sie sofort am typischen Geruch – auch noch Jahre nach dem letzten Zusammentreffen.

Wir erfassen unsere Umwelt mit Augen, Ohren, Nase und Händen. Doch von allen Sinnen wird der Geruchssinn oft am wenigsten bewusst wahrgenommen. Machen Sie einmal folgendes Experiment: Schließen Sie die Augen, und stellen Sie sich so deutlich wie möglich vor, dass Sie eine Orange schälen. Konzentrieren Sie sich dabei vor allem auf die Düfte in Ihrer Phantasie. Die wachsartige Schale der geschlossenen Orange riecht anders als das Fruchtfleisch oder das Innere der Schale.

Oder suchen Sie in Gedanken einen Ihnen vertrauten Ort auf, und lassen Sie sich nur von Ihrer Nase leiten. Wie riecht beispielsweise das Innere Ihres Autos, welcher Geruch schlägt Ihnen in der Wohnung Ihrer Eltern entgegen? Sie haben eine Menge an olfaktorischen (dem Geruchssinn dienenden) Informationen gespeichert, ohne sich jemals dessen bewusst zu werden.

Mit dem Gehirn riechen

Sicherlich kennen Sie die folgende Erfahrung: Sie nehmen einen bestimmten Geruch wahr und fühlen sich augenblicklich in eine Situation versetzt, die Sie mit diesem Geruch verbinden.
Riechen Sie einmal an Ihrem Sonnenöl, und Sie werden den Eindruck haben, sich wieder im letzten Sommerurlaub zu befinden – selbst im tiefsten Winter.

Das limbische System

Die Informationen des Geruchssinns gehen direkt ins Zentrum des Gehirns, in das so genannte limbische System. Von hier aus wird das vegetative Nervensystem kontrolliert, das für unbewusste Vorgänge im Körper wie Herzschlag und Atemfrequenz, aber auch für unser Gefühlsleben zuständig ist.
Dieser direkte Draht ins Unterbewusstsein ist vielleicht die Erklärung dafür, dass Gerüche unsere Nerven beruhigen, Wut und Frustration vertreiben oder auch anregend wirken können. Genau hier setzt die Aromatherapie ein. Sie nützt die große Bandbreite der heilsamen Düfte der Natur für die Gesundheit aus.

Über das limbische System erreichen Düfte nahezu unvermittelt das Gehirn. Deswegen reagieren Menschen unmittelbar auf einströmende Gerüche.

Ätherische Öle

Ätherische Öle sind flüssige, farblose oder hellgelbe bis bräunliche Substanzen, die sehr flüchtig sind. Trotz der Bezeichnung »Öle« sind sie nicht fettend und verflüchtigen sich vollständig, wenn man sie beispielsweise auf Fließpapier träufelt. Ätherische Öle sind nicht wasserlöslich, aber gut fettlöslich.
Sehr gute Lösungsmittel sind daher alle Arten von fetten Ölen, aber auch Alkohol, Äther oder Chloroform.
Ätherische Öle sind hoch konzentrierte Stoffe. Schon ein einziger Tropfen davon entspricht in etwa der Menge an Aromaöl in 15 bis 20 Tassen Kräutertee. Das erklärt auch ihren überaus intensiven Geruch und Geschmack.

Ätherische Öle sind die Quintessenz der Pflanzen. Alle Duft- und Heilaspekte liegen hier in hoch konzentrierter Form vor.

Aromaöle

Tiere nehmen instinktiv die Pflanzen auf, die sie zur Heilung ihrer Wunden und Krankheiten benötigen. Doch auch Ihre Nase kann Sie zu den passenden Essenzen führen. Der subjektiv angenehmste Duft ist meist auch der richtige.

Aromaöle werden aus aromatischen Pflanzen gewonnen, deren Heilkräfte dem Menschen schon seit Tausenden von Jahren bekannt sind. Diese Heilpflanzen besitzen sehr vielfältige Eigenschaften und bieten daher eine breite Palette von Anwendungsbereichen und -möglichkeiten. Wundern Sie sich nicht, wenn manche Öle sehr verschiedene, selbst scheinbar gegensätzliche Eigenschaften in sich vereinen. So ist es möglich, dass manche Essenzen beispielsweise gleichzeitig appetitanregend und -hemmend wirken können. Sie wirken also nicht einfach in der ein oder anderen Weise, sondern regulieren den Missstand je nach Bedarf.

Für Naturprodukte gibt es eben nicht nur ein einziges Einsatzgebiet wie für synthetisch hergestellte Medikamente, denn Pflanzenessenzen zeichnen sich durch ein besonders komplexes Zusammenspiel vieler chemischer Faktoren aus. Bestimmte Aromaöle reagieren sehr harmonisch miteinander und scheinen sich gegenseitig zu Höchstleistungen anzuspornen. Nutzen Sie also die breit gefächerten Möglichkeiten, die Ihnen die Natur mit ihrer Pflanzenwelt bietet.

Die Wirkungsweise ätherischer Öle

Über den Geruchssinn erreichen ätherische Öle das limbische System im Großhirn. Da sie eine ähnliche Zusammensetzung wie Hormone haben, können sie sehr anregend und erotisierend wirken.

Ätherische Öle werden aufgrund ihrer fettlöslichen Eigenschaft von der Haut sehr gut aufgenommen. So erreichen sie die Muskeln, Gelenke und alle inneren Organe. Hier entfalten sie ihre Wirkung bei allen Arten von körperlichen Beschwerden. Sie können sich mit ätherischen Ölen Gesichts- und Körperlotionen mischen, sie in ein Massageöl geben oder auch als Badezusatz verwenden. Bei richtiger Anwendung und Dosierung kann es zu keinen unerwünschten Nebenwirkungen oder Suchterscheinungen kommen.

Besonders intensiv wirken ätherische Öle über die Schleimhäute. So gelangen sie mittels Inhalation über die Lunge direkt ins Nervensystem. Je nach den spezifischen Eigenschaften der Essenz können sie hier belebend, entspannend oder ausgleichend wirken.

Wie Düfte produziert werden

Nichts ist so flüchtig wie ein Duft. Daher ist es besonders schwer, ihn festzuhalten, zu materialisieren, um ihn dort einzusetzen, wo man ihn braucht. Ein ätherisches Öl ist das duftende Prinzip einer Pflanze. Manche Düfte sind sehr leicht zu gewinnen, für andere wiederum benötigt man die Hilfe komplizierter Techniken.

Enfleurage

Ein altes Verfahren ist die Enfleurage. Sie wurde verwendet, um den Duft kostbarer Blüten wie Jasmin und Tuberose zu gewinnen. Hierfür wurden die Blüten auf tierisches Fett gelegt, das sich über einen längeren Zeitraum hinweg mit dem Duft vollsaugt. Mit Alkoholdestillation wurde aus dem Fett eine Essenz gewonnen, die sehr rein und intensiv ist. Die Enfleurage wird heute kaum noch verwendet.

Hier erhalten Sie einen Überblick, mit welchen Methoden und auf welche Weise ätherische Öle produziert werden.

Kaltpressung

Diese Technik wird ausschließlich bei Zitrusfrüchten angewandt, die bekanntlich schon beim Zusammendrücken ihr meist kräftiges Aroma abgeben. Mittels starker Pressen wird die Essenz aus den Öldrüsen der Fruchtschalen gedrückt. Hier muss man unbedingt ungespritzte Früchte verwenden, denn Pflanzenschutzmittel machen sich auch im Aromaöl bemerkbar.

Destillation mit Wasserdampf

Dies ist die vorrangige Methode zur Gewinnung ätherischer Öle. Wie der Name schon sagt, wird hier mittels Wasserdampf das aromatische Öl aus den zuvor leicht angetrockneten Pflanzen gewonnen. Da Fett (und damit auch Öl) immer oben schwimmt, lässt es sich schließlich nach der Destillation leicht vom Wasser abschöpfen. Essenzen, die durch dieses Verfahren gewonnen wurden, sind meistens qualitativ besonders hochwertig.

Extraktion mit Lösemitteln

Inzwischen gibt es auch chemische Verfahren, um den Duft einer Pflanze zu gewinnen. Bei der Extraktion mit Lösemitteln saugen teils giftige chemische Mittel das ätherische Öl aus den Blüten. Zwar wird die Essenz von den Lösemitteln durch Destillation wieder getrennt, es lässt sich jedoch nicht völlig vermeiden, dass chemische Rückstände im Aromaöl zurückbleiben. Deswegen sollten Sie ätherische Öle, die auf diese Weise gewonnen wurden, auf keinen Fall oral einnehmen; allerdings gilt das auch für alle anderen Aromaöle.

Wenn Sie nebenstehende Checkliste beim Kauf von ätherischen Ölen beachten, werden Sie kaum eine schlechte Qualität mit nach Hause bringen.

Was auf dem Flaschenetikett stehen sollte

Auf dem Flaschenetikett sollten folgende Angaben zu lesen sein:
▶ Der richtige Name des Aromaöls; »Banane« oder »Apfelblüte« bezeichnen kein ätherisches Öl, sondern synthetische Duftstoffe
▶ Die lateinische Bezeichnung der entsprechenden Pflanze
▶ Die Angabe »100 Prozent reines ätherisches Öl«; steht »naturidentisch« auf dem Fläschchen, so haben Sie es mit einem synthetisch hergestellten Stoff zu tun
▶ Das Herkunftsland
▶ Das Gewinnungsverfahren
▶ Die Bezeichnung des verwendeten Lösemittels bei entsprechender Extraktion
▶ Gegebenenfalls verwendete Zusätze oder Trägeröle (oft bei Benzoe Siam, Iris, Mimose oder Tonka)
▶ Die Chargennummer: Bei etwaigen Reklamationen oder gar auftretenden Nebenwirkungen kann der Händler mit dieser Nummer den Hersteller ermitteln
▶ Das Haltbarkeitsdatum: Bei richtiger Lagerung ist ein ätherisches Öl ein bis zwei Jahre haltbar; ist das Fläschchen noch nicht geöffnet worden, kann das Datum auch überschritten werden
▶ Im Idealfall die Bezeichnung »kbA« (kontrolliert biologischer Anbau); sie gewährleistet den Verzicht auf chemische Dünge- und Pflanzenschutzmittel

Worauf Sie beim Kauf achten sollten

▶ Nehmen Sie sich genügend Zeit, um verschiedene Aromaöle zu testen, und kaufen Sie ausschließlich die Essenzen, deren Duft Ihnen wirklich zusagt.

▶ Fallen Sie nicht auf Phantasienamen wie »Indischer Blütentraum« herein – hier handelt es sich nicht um reine Aromaöle, sondern um künstliche Mischungen.

▶ Kaufen Sie keine Billigprodukte; da das reine ätherische Öl sehr kostbar ist, wird es von vielen Anbietern verdünnt.

▶ Wenden Sie sich am besten an Apotheken, Reformhäuser und Naturkostläden – hier haben Sie die größte Gewähr, dass Sie reine Aromaöle in hochwertiger Qualität erhalten.

Anstatt an der Tankstelle einen parfümgetränkten »Wunderbaum« zu erstehen, können Sie ganz einfach Ihr Auto wohlriechend machen: Beduften Sie den Innenraum mit individuell auf Ihre Bedürfnisse abgestimmten Aromaölen.

Aromatische Düfte ersetzen nicht den Gang zum Arzt

Ätherische Öle können, wenn sie richtig angewendet werden, eine sehr wirksame Hilfe bei Beschwerden sein. Mit ihrer Hilfe lässt sich das allgemeine Wohlbefinden steigern und das Immunsystem stärken. Dennoch sollten Sie bei länger andauernden Beschwerden unbedingt einen Arzt aufsuchen.

Selbst wenn Sie sich bereits in medizinischer Behandlung befinden, kann die Aromatherapie unterstützend wirken und den Genesungsprozess beschleunigen.

Hinweis auf Unverträglichkeiten

Bestimmte Dinge gilt es allerdings beim Umgang mit ätherischen Ölen zu beachten:

▶ Homöopathische Medikamente harmonieren nicht mit ätherischen Ölen, da sich ihre Wirkungen gegenseitig beeinträchtigen können. Wenn Sie homöopathisch behandelt werden: Keine ätherischen Öle verwenden!

▶ Verzichten Sie auch auf die Aromatherapie, wenn Sie Rescue-Tropfen der Blütentherapie nach Edward Bach benutzen. Auch sollte man Bach-Blüten nicht gemeinsam mit ätherischen Ölen aufbewahren.

Achtung: Homöopathie und Aromatherapie passen nicht zusammen. Ebenso gibt es Unverträglichkeiten zwischen ätherischen Ölen und Rescue-Tropfen der Bach-Blütentherapie.

Der beste Wegweiser im aromatischen Garten der Natur ist Ihre eigene Nase. Der Duft, der Ihnen 100-prozentig zusagt, ist in den meisten Fällen auch derjenige, der Ihnen die beste Hilfe bieten kann. Verlassen Sie sich also getrost auf Ihren Instinkt.

Die wichtigsten ätherischen Öle

Bergamotte
Frischer, anregender Duft; wirkt aufheiternd, schmerzlindernd und wundheilend; Kopfnote

Cajeput
Würziger, eukalyptusartiger Geruch; wirkt entspannend und krampflösend; Kopfnote

Eukalyptus
Typischer frisch-würziger Geruch; wirkt keimabtötend, anregend und hustenstillend; Kopfnote

Geranium
Riecht blumig-rosig, teils leicht schwefelartig; wirkt nervenstärkend, hautpflegend, harntreibend und gewebestraffend; Herznote

Indische Narde
Erdiger, herber Duft; wirkt sehr entspannend, ausgleichend und hautpflegend; Basisnote

Jasmin
Süßer, betörender Duft; wirkt krampflösend und aphrodisisch; Basisnote

Kamille
Typischer krautiger, würziger Geruch; wirkt entzündungshemmend, krampflösend, wundheilend; Herznote

Kardamom
Würzig-holziger Duft; wirkt verdauungsregulierend, krampflösend und aphrodisisch; Herznote

Kiefernnadel
Riecht frisch und harzig; wirkt entzündungshemmend und durchblutungsfördernd; Kopfnote

Lavendel
Blumig-herber Geruch; wirkt krampflösend, schmerzlindernd und belebend; Herznote

Lemongras
Intensiver, frischer Geruch; wirkt anregend, entzündungshemmend und stärkend; Kopfnote

Neroli
Süßer, etwas holziger Duft; wirkt krampflösend, entspannend und herzberuhigend; Herznote

Orange
Süßer, sonniger Geruch; wirkt stimmungsaufhellend, belebend, herzstärkend und hautpflegend; Kopfnote

Pfefferminze
Frischer, mentholartiger Geruch; wirkt sehr belebend, antiseptisch und entzündungshemmend; Kopfnote

Die wichtigsten ätherischen Öle

Rose
Je nach Sorte süßer, schwerer oder frischer, leichter Duft; wirkt harmonisierend, entspannend und herzstärkend; Herznote

Rosmarin
Krautiger, eukalyptusartiger Geruch; wirkt antiseptisch, krampflösend und konzentrationsfördernd; Kopfnote

Salbei
Frischer, kampferartiger Geruch; wirkt blutreinigend, entzündungshemmend und anregend; Kopfnote

Sandelholz
Süßer, holzig-harziger Duft; wirkt harmonisierend, krampflösend und aphrodisisch; Basisnote

Teebaum
Würziger, frischer Geruch; wirkt antiseptisch, entzündungshemmend und wundheilend; Kopfnote

Thymian
Stark würziger, anregender Geruch; wirkt belebend, infektionshemmend und krampflösend; Kopfnote

Tuberose
Betörend süß, orangenartig; wirkt stark euphorisierend und aphrodisisch; Basisnote

Vanille
Warmer, süßer Geruch; wirkt entspannend und stimmungsaufhellend; Basisnote

Vetiverwurzel
Moosiger, herber Duft; wirkt entspannend, nervenstärkend und erotisierend; Basisnote

Weihrauch
Betörender, krautiger Geruch; wirkt antiseptisch, beruhigend und wundheilend; Basisnote

Ylang-Ylang
Süßer, intensiver Duft; wirkt entkrampfend, blutdrucksenkend und erotisierend; Basisnote

Zimt
Warmer, süßlicher Duft; wirkt krampflösend, antiseptisch und menstruationsfördernd; Basisnote

Zitrone
Spritziger, sehr frischer Geruch; wirkt belebend, antiseptisch und fiebersenkend; Kopfnote

Zypresse
Würzig-harziger Geruch; wirkt konzentrationsfördernd, krampflösend und antiseptisch; Herznote

---

Nebenstehende Tabelle gibt Ihnen einen ausführlichen Überblick über die wichtigsten Aromaöle und über deren Kopf-, Herz- oder Basisnote.

Vom richtigen Umgang mit Aromaölen

▶ Ätherische Öle reagieren sehr empfindlich auf Licht und Hitze. Daher sollten Sie die Öle nur in dunklen Fläschchen und an wärmegeschützten Orten aufbewahren. Für Zitrusöle ist der geeignete Ort sogar der Kühlschrank.

▶ Zu viel Kontakt mit Sauerstoff ist ebenfalls schlecht für die extrem flüchtigen Öle. Schließen Sie die Fläschchen daher nach Gebrauch immer fest.

▶ Aromaöle sind hoch konzentrierte und hochwirksame Stoffe: Lassen Sie sie nicht unbeaufsichtigt in die Hände von Kindern geraten.

▶ Vermeiden Sie den Kontakt mit Augen und Schleimhäuten, und verwenden Sie vor allem nie mehr pures Öl als angegeben!

▶ Da die orale Einnahme ätherischer Öle umstritten ist, sollten Sie die Essenzen vorsichtshalber nur äußerlich anwenden.

▶ Mischen Sie nicht zu viele verschiedene Essenzen, da sich die einzelnen Wirkungen sonst eventuell gegenseitig aufheben und einige Öle sich nicht miteinander vertragen.

> »Ein Parfüm ist das, was einer Frau vorausgeht, bevor sie kommt, und was bleibt, wenn sie gegangen ist.« Dieser Satz eines italienischen Duftkompositeurs weist auf die hohe Bedeutung des geruchlichen Erscheinungsbilds hin.

Mischen Sie Ihr persönliches Parfüm

Fast jeder beduftet sich mit einem Eau de toilette, benutzt ein Deodorant oder umhüllt sich täglich mit seinem Lieblingsduft. Doch die meisten kaufen fertige Produkte, als wären es Kleider von der Stange. Warum schneidern Sie sich nicht Ihr passendes Duftkostüm, das Ihre Persönlichkeit unterstreicht? Natürlich ist noch kein Parfümeur vom Himmel gefallen, doch mit ein bisschen Übung werden Sie sicherlich interessante und individuelle Duftkompositionen zusammenstellen.

Ein Parfüm besteht aus Kopf-, Herz- und Basisnote. Dieses Zusammenspiel dreier Prinzipien entspricht der menschlichen Einheit von Körper, Seele und Geist. Wenn Sie die Übersicht der ätherischen Öle auf Seite 48f. betrachten, werden Sie feststellen, dass es sich bei den Kopfnoten meist um frische, leichte Düfte handelt, während bei den Basisnoten (Fußnoten) die Wärme und Schwere betont werden.

Nimmt unsere Nase ein Parfüm wahr, so wirkt zuerst die flüchtige Kopfnote, erst danach entfaltet sich die blumige Herznote, und schließlich kommt die Basisnote zum Tragen, die der Duftmischung die Erdung verleiht. Wie ein Komponist können Sie nun Unbeschwertheit und Heiterkeit vermitteln, indem Sie die »hellen Geigentöne« der Duftsymphonie, die Kopfnoten, besonders herausstreichen.

Welcher Duft zu Ihnen passt

Völlige Geschmacksverirrungen können eigentlich kaum vorkommen. Denn die Düfte, die man besonders bevorzugt, sind meist auch die passenden. Und vielleicht möchten Sie ja eine eher verborgene Seite Ihrer Persönlichkeit unterstreichen und wählen deshalb beispielsweise einen warmen, sinnlichen Duft, obwohl Sie eher zu den klaren, verstandesbetonten Köpfen zählen.

Es gibt Grundprinzipien, an denen Sie sich orientieren können: Frische und fruchtige Düfte harmonieren mit hellhaarigen und -häutigen Menschen, während zu dunkleren Typen eher schwere, sinnliche Aromen passen. Rothaarige hingegen sollten sich an etwas würzige und leichte Düfte halten.

Sie können ein Idealbild erschaffen, indem Sie ein Parfüm kreieren, das genau die gewünschten Persönlichkeitsmerkmale einfängt.

Praktische Anleitung für den Parfümeur

Als Grundlage der Parfümkreationen kann wahlweise Alkohol (Weingeist aus der Apotheke) oder Jojobaöl dienen.

▶ Für eine Mischung auf alkoholischer Basis lösen Sie 10 bis 15 Tropfen ätherische Öle in 9 bis 10 Milliliter Weingeist. Möchten Sie das Parfüm verlängern, so geben Sie die gleiche Menge destilliertes Wasser zum Alkohol hinzu.

▶ Jojobaöl als Grundsubstanz hat den großen Vorteil, dass es gleichzeitig die Haut pflegt und sie nicht austrocknet. Bevorzugen Sie diese Basis, mischen Sie einfach 15 bis 20 Tropfen Aromaöl mit 9 bis 10 Milliliter Jojobaöl.

»Ich kann ihn einfach nicht riechen!« Wie oft haben Sie sich schon bestimmten Menschen abgeneigt gefühlt, ohne dass es einen ersichtlichen Grund dafür gab. Möglich, dass es tatsächlich an olfaktorischen statt charakterlichen Eigenschaften lag.

Sie sollten Ihre Riechnerven nicht nach Belieben strapazieren: Nach ungefähr einer viertel Stunde intensiven Schnupperns sollten Sie Ihrer Nase eine »Verschnaufpause« gönnen.

Betörende Düfte

Das Wort »Liebeszauber« beschwört das Bild alter Kräuterweiber herauf, die, geheimnisvolle Sätze murmelnd, aus Spinnenbeinen und exotischen Wurzeln einen Zaubertrunk herstellen, um den Verehrten oder die Angebetete verliebt zu machen. Es geht jedoch auch weitaus weniger mysteriös: Denkt man daran, dass Gerüche direkt das Unterbewusstsein beeinflussen, ist die Vorstellung kaum verwunderlich, dass ätherische Öle schlummernde Gefühle wecken und verführerisch wirken können.

Liebe macht vielleicht blind, sie raubt aber bestimmt nicht den Geruchssinn. Daher ist es besonders wirksam, ein ätherisches Öl zu Hilfe zu nehmen, wenn Sie beabsichtigen, amouröse Gefühle zu wecken.

Maskuline und feminine Öle

Bestimmte Öle wirken eher maskulin, andere vereinen feminine Eigenschaften in sich, und manche sind für ihre aphrodisische Wirkung bekannt. Welche Düfte auf Sie oder Ihren Partner erotisierend wirken, ist natürlich von Ihren individuellen Eigenschaften und Ihrem Geschmack abhängig.

Doch Sie werden sehen: Auch das immer wieder neue Experimentieren mit den verschiedenen Aromen kann sehr viel Spaß machen – allein oder auch zu zweit!

Unterschiedliche Ölgruppen

▶ Feminine Öle
Angelika, Benzoe, Eukalyptus, Fenchel, Grapefruit, Hyazinthe, Iris, Jasmin, Kamille, Koriander, Lavendel, Limette, Mairose, Neroli, Pfefferminze, Rose, Rosmarin, Salbei, Tuberose, Ylang-Ylang, Zypresse
▶ Maskuline Öle
Ambrette, Basilikum, Ingwer, Kardamom, Kiefer, Kümmel, Lemongras, Melisse, Mimose, Myrrhe, Narzisse, Orange, Palmarosa, Rosenholz, Sandelholz, Thymian, Vetiver, Zeder, Zimt, Zitrone
▶ Öle mit aphrodisischer Wirkung
Geranium, Jasmin, Kardamom, Mimose, Perubalsam, Rosenholz, Sandelholz, Tonka, Tuberose, Vanille, Vetiver, Zimt

Haben Sie sich einmal für einen Duft entschieden, so können Sie ihn als Raumspray oder in einer Duftlampe verwenden. Leise Musik und Kerzenschein werden ein übriges tun, eine bezaubernde Atmosphäre zu schaffen.

Wenn das Bett zur Falle wird

Eine von beiden Geschlechtspartnern als befriedigend empfundene Sexualität lässt sich nicht auf die rein körperliche Leistung reduzieren. Denn fehlt es in einer Partnerschaft an Verständnis und Harmonie, funktioniert es aller Wahrscheinlichkeit nach auch im Bett nicht. In diesem Fall kann auch die Aromatherapie ein klärendes Gespräch nicht ersetzen.
Ätherische Öle können jedoch helfen, Stress und Verkrampfung abzubauen und die Potenz zu steigern. Zu diesem Zweck mischen Sie je zwei Tropfen Ingwer-, Schwarzer-Pfeffer- und Bohnenkrautöl mit einem Esslöffel Jojobaöl und massieren mindestens zehn Tage lang den unteren Rücken bis zum Steißbein und die Oberschenkel einmal täglich mit dieser Mischung ein.

Sie müssen zwar nicht riechen wie eine ganze Parfümabteilung im Kaufhaus, aber ein kräftiger Schuss ätherischer Öle darf es schon sein.

Sex de luxe

Mit Hilfe von ätherischen Ölen lässt sich aus unbefriedigendem »Fastfood-Sex« ein opulentes Dreigängemenü zaubern:
▶ Nehmen Sie zu zweit ein Vollbad, dem Sie je sieben Tropfen Kümmel, Geranium und Muskatellersalbei auf zwei Esslöffel Basisöl beigesetzt haben.
▶ Gönnen Sie sich anschließend eine gegenseitige Massage mit einem selbst gemischten Öl, wobei Sie besonders den Rücken und den Kreuzbeinbereich beachten sollten.
▶ Schließlich lässt sich mittels Kerzenschein und Beduftung der Zimmer mit aphrodisischen Ölen eine zauberhafte Atmosphäre schaffen.

Emotionen wecken

Mit ätherischen Ölen können Sie ganz gezielt Emotionen wecken – oder auch unterdrücken. Sei es, dass Sie Angst oder Unsicherheit vertreiben wollen, aus einer Depression wieder auftauchen wollen oder ganz einfach ein paar seelische Streicheleinheiten brauchen – ätherische Öle wirken unmittelbar auf die Psyche.

Wussten Sie, dass sich Träume durch Gerüche beeinflussen lassen? Tatsächlich können Sie mitten im August nächtliche Weihnachtsgefühle entwickeln, wenn Ihnen jemand Orangen, Zimt und Nelken unter die Nase hält.

Niembaum für Garten, Balkon und Haushalt

Prächtige Pflanzen - im Garten oder auf dem Balkon - bleiben mit Niem von Schädlingen verschont.

Bei dem breiten Wirkungsspektrum des Niems ist es eigentlich erstaunlich, dass die moderne Forschung erst jetzt darauf gekommen ist, dass Niemextrakt – neben seinen vielen anderen Wirkungen – auch hervorragend als Pflanzenschutz- und -pflegemittel geeignet ist, das zudem ohne Nebenwirkungen eingesetzt werden kann.

Niemextrakt als Insektizid

Erste Hinweise auf die spezielle insektizide Wirkung dieses Baums fand man bei Niembäumen, die in Ostafrika und in der Karibik heimisch geworden waren. Heuschreckenschwärme, die ganze Landstriche kahl fressen können, ließen diese Bäume ungeschoren. Die gefräßigen Insekten hatten offenbar schnell bemerkt, dass ihnen die Blätter und Früchte dieses Baums nicht besonders bekamen und verschonten ihn von nun an.

Heuschrecken können eine wahre Landplage sein. Niembäume werden jedoch von diesen gefräßigen Insekten verschont. Dies führte zur Entdeckung der insektiziden Wirkung dieses »Wunderbaums«.

Hormonelle Insektenabwehr

Die Frage lautete nun: Welcher besondere Inhaltsstoff schützt die Niembäume vor den Heuschrecken? Der Mechanismus dieser Insektenabwehr wurde erforscht. Bevor die Heuschrecken sich zum Ausschwärmen bereit machen, erfolgt in ihrem Körper eine Hormonumstellung. Äußerlich ist das leicht daran zu erkennen, dass die Heuschrecken ihre Farbe von Grün nach Schwarzbraun ändern. Fressen Heuschrecken aber von den Niembaumblättern, dann nehmen sie wieder ihre ursprüngliche Farbe an. Niem wirkt also wie eine Art Gegenhormon für die Insekten. Die speziell dafür verantwortlichen Pflanzeninhaltsstoffe mit hormoneller Wirkung befinden sich nicht nur in den Blättern des Niembaums, sondern in der ganzen Pflanze, besonders konzentriert in den Früchten.

Niem verhindert die Häutung der Insekten

Der Grund für das besondere Hormonsystem der Insekten liegt in ihrer Entwicklung: Aus dem Insektenei schlüpft zunächst eine Larve. Diese trägt ihr Skelett als äußere Hülle, den so genannten Chitinpanzer. Knochen besitzen die Insekten nicht. Im Gegensatz zum Knochenskelett der Säugetiere kann der starre Panzer der Insekten nicht wachsen. Statt dessen wird er von der Larve während des Wachstums immer wieder abgestoßen und durch einen größeren Panzer ersetzt: das Insekt häutet sich. Hier setzt eine der Wirkungen des Niem ein: Das Hormon, das die Häutung des Insekts steuert, wird geschädigt. Das Insekt bleibt nun in seinem alten Panzer gefangen. Es stirbt zwar nicht, aber es kann nicht mehr wachsen und seinen Entwicklungsprozess vollenden. Zudem pflanzen sich mit Niem behandelte Insekten nicht mehr fort.

Chitin ist der Stoff, der in der Gerüstsubstanz der meisten Glieder-, Mantel- und Weichtiere sowie der Würmer und Hohltiere vorkommt. Er ist stickstoffhaltig und der Zellulose chemisch verwandt.

So hilft Niem bei der Pflanzenpflege

Niem gegen Insekten

Der Niemextrakt bietet Schutz vor Insektenbefall z. B. durch Heuschrecken oder Käfer. Sollten Pflanzen bereits betroffen sein, werden die Schädlinge durch die speziellen Wirkstoffe von Niem daran gehindert, sich voll zu entwickeln bzw. zu vermehren. Weiterer Vorteil: Weder nützliche Insekten, wie z. B. Bienen, noch der Mensch am Ende der Nahrungskette haben unter Nebenwirkungen zu leiden. Auch konnte keine Resistenz gegen Niem festgestellt werden.

Niem gegen Pilze

Durch seine pilzabtötende Wirkung eignet sich Niemextrakt z. B. hervorragend bei Befall durch Aspergillus flavus. Aber auch Mehltau, ein häufiges Problem, lässt sich so wirkungsvoll auf natürliche Weise bekämpfen.

Niem gegen Viren

Auch wenn man beim Gärtnern weniger an Viruserkrankungen der Pflanzen denkt, so ist dies doch häufiger der Fall. Vor allem in tropischen Ländern werden manche Ernten durch Virenbefall der Nutzpflanzen bedroht. Niem schafft auch hier Abhilfe.

Niem gegen andere Schädlinge

Doch auch viele weitere Schädlinge lassen sich durch eine Niembehandlung bekämpfen. So sind Schnecken oder Raupen kein Problem mehr, wenn die Pflanzen mit Niem behandelt wurden. Auch Blattläuse oder Schildläuse werden auf natürliche und schadstofffreie Weise vertrieben.

Den Schädlingen den Appetit verderben …

Oft schlägt die Niemwirkung dem Schädling zusätzlich auf den Magen. Die Folge: Das Insekt mag keine Niemblätter oder -früchte mehr fressen. Dies gilt auch für all die anderen Pflanzen, die mit Niemextrakt behandelt wurden. Obwohl die Schädlinge also noch an der Pflanze sitzen, bedeuten sie für diese keine Gefahr mehr. Auch für den Menschen stellt Niem keine Gefahr dar, da er auf diese spezielle hormonelle Wirkung nicht reagiert.

Niem wirkt bei Insekten hormonell. Da jedoch das Hormonsystem des Menschen gänzlich anders geartet ist, bleibt Niem für den Menschen völlig harmlos.

… und ihre Vitalität reduzieren

Bei erwachsenen Insekten, die nicht mehr wachsen und sich deshalb auch nicht mehr häuten, beeinträchtigt Niemextrakt die übliche Vitalität. Die Tiere fliegen kaum noch oder gar nicht mehr. Viele suchen sich nach der Aufnahme von Niemextrakt keinen neuen Paarungspartner. Sollte es schon vor der Behandlung der Pflanzen mit Niem zu einer Paarung und Befruchtung gekommen sein, legen die Weibchen keine oder deutlich weniger Eier ab. Insgesamt wird der Schädlingsbefall auch hier immer noch deutlich gesenkt.

Während der Großeinsatz synthetischer Insektizide ernste Umweltschäden zur Folge haben kann, ist die Anwendung natürlicher Niembaumpräparate ökologisch völlig unbedenklich.

Synthetische Insektizide schaden Mensch und Tier

Insekten können in der Landwirtschaft großen Schaden anrichten. Viele Landwirte, Gärtner und Freizeitgärtner greifen daher gezwungenermaßen zu den synthetisch-chemischen Pflanzenschutzmitteln, um die Schädlinge zu vertreiben oder abzutöten.

Beim langfristigen Gebrauch von synthetisch-chemischen Insektiziden ergeben sich aber weiterreichende Gefahren für die Pflanzen, für die Früchte und damit auch für den Menschen.

▶ Synthetische Schädlingsbekämpfungsmittel sind sowohl für den Menschen als auch für Haus- und Nutztiere schädlich.
▶ Die meisten Pflanzenschutzmittel töten nicht nur Schädlinge, sondern auch zahlreiche nützliche Insekten ab, die in der Natur dazu beitragen, die Zahl der Schädlinge niedrig zu halten.
▶ Hierdurch wird das ökologische Gleichgewicht gestört: Da die natürlichen Feinde der Schädlinge ebenfalls getötet werden, können sich die Schädlinge rasant vermehren.
▶ Zudem hat das zur Folge, dass die Pflanzen den Schädlingen schutzlos ausgeliefert sind, weshalb wiederum in zunehmendem Maße gespritzt werden muss.
▶ Der Einsatz von chemischen Insektiziden eröffnet einen Teufelskreis, der sich auf jeden Fall zum Schaden der Natur und des Menschen entwickelt.

Je mehr und je intensiver synthetisch-chemische Pflanzenschutzmittel eingesetzt werden, umso schneller werden Insekten resistent dagegen. Aus diesem Teufelskreis kann man nur mit biologischen Insektiziden ausbrechen.

Pflanzen produzieren natürliche Insektizide

Viele Pflanzen haben einen natürlichen Schutzmechanismus, mit dessen Hilfe sie Schädlinge abwehren können. Einige Pflanzenarten produzieren Substanzen, die auf Insekten abschreckend wirken oder für sie giftig sind, aber nicht die Umwelt schädigen oder die Gesundheit von Menschen und Nutztieren beeinträchtigen.
Auch der Niembaum enthält solche Wirkstoffe, deren Geruch und Geschmack für die Insekten unangenehm sind oder deren Genuss für diese tödlich ist.

Die sanfte Methode dauert länger

Mit chemischen Mitteln können Sie sicherlich schnell die Schädlinge von Feld und Garten vertreiben. Dieser Erfolg ist jedoch nur ein scheinbarer, denn spätestens in einem Jahr treten die Schädlinge noch verstärkt auf. Verglichen mit DDT stellt sich die Wirkung des Niems etwas später ein, doch dafür wird das natürliche Gleichgewicht nicht belastet – und die geernteten Pflanzen sind garantiert rückstandsfrei. Auf lange Sicht gesehen ist der Einsatz von Niem effektiver und auch erfolgreicher als die Verwendung von Gift.

Ein Tipp für die häusliche Vorratskammer: Im Vorratsschutz wird Niem bereits mit Erfolg zur gründlichen Vernichtung von Schädlingen wie den Mehl- und Getreidekäfern eingesetzt.

Resistenz gegen Niem ist unwahrscheinlich

Bis heute sind über 200 Schadinsekten bekannt, die mit Niem bekämpft werden können. Viele von ihnen sind inzwischen gegen chemische Präparate resistent. Dagegen sind Resistenzbildungen bei Niem ziemlich unwahrscheinlich, da der angewendete Extrakt aus verschiedenen Wirkstoffen besteht. So konnte bei Laborversuchen mit der Kohlschabe (Plutella xylostella) selbst nach 42 Generationen noch keinerlei Resistenzbildung beobachtet werden.

Erfolge bei zahlreichen Schadinsekten

Bei verschiedenen Käfern lässt sich eine gute Wirkung von Niem gegen die blattfressenden Stadien nachweisen. So kann Niem mit Erfolg zur Bekämpfung der Kartoffelkäferlarven eingesetzt werden. Diese benagen zwar zuerst die mit Niem behandelten Blätter, hören aber bald gänzlich auf zu fressen.

Niem lässt sich auch zur Fliegenbekämpfung verwenden: Im Fall der Mittelmeerfruchtfliege konnte bei Bodenbehandlung unter den Fruchtbäumen ein fast 100-prozentiger Behandlungserfolg gegen die im Boden vorhandenen Fliegenpuppen erzielt werden.

Auch Mückenlarven lassen sich mit aufgebrochenen, ins Brutgewässer eingebrachten Niemkernen bekämpfen – dies ist ein wichtiger Schritt bei der Malariabekämpfung!

Schädlinge und Nützlinge im Garten

Niembaumextrakte werden mit großem Erfolg auch gegen Raupen eingesetzt, die zu bestimmten Zeiten invasionsartig große Waldgebiete heimsuchen und deren Bestand bedrohen.

Nutzinsekten werden geschont

Interessant ist, dass Niem keine direkte schädliche Wirkung auf Spinnen und Nutzinsekten wie beispielsweise Bienen, Marienkäfer oder Schlupfwespen ausübt. Neueste Untersuchungen der Universität Hohenheim, wo Niemextrakt zur gezielten Blattlausbekämpfung eingesetzt wird, bestätigen dies eindrucksvoll. Hier wird nachgewiesen, dass sich die Niembehandlung ausschließlich gegen die Blattläuse, nicht aber gegen die Nützlinge richtet.

Diese Unterscheidung zwischen Schadinsekten und Nutzinsekten hängt mit dem unterschiedlichen Futter bzw. Fressverhalten der Tierarten zusammen: Die Schädlinge fressen zunächst das mit Niem behandelte Pflanzengewebe. Bei diesen Insekten können nun die erwünschten hormonellen Wirkungen des Niems wie Fress- und Vermehrungshemmung einsetzen, denn der Wirkstoff des Niems wird direkt mit der Nahrung aufgenommen. Da Nützlinge hauptsächlich den niemfreien Nektar der Pflanzen fressen oder – wie die Schlupfwespen – sich von den Schädlingen ernähren, sind sie nicht oder zumindest weitaus weniger gefährdet. Besonders gut eignet sich Niem zur Bekämpfung von Blattläusen, weißer Fliege und Raupen.

Da Niemextrakte nach wissenschaftlichen Untersuchungen für Menschen völlig ungiftig sind, muss keine Wartezeit zwischen letzter Spritzung und Ernte eingehalten werden.

Das Wirkungsspektrum von Niemextrakten

Niemextrakte zeigen beim Einsatz als biologische Pflanzenschutzmittel folgendes Wirkungsspektrum:
- Hemmung der Entwicklung von Eiern, Larven und Puppen
- Blockierung der Häutung der Insektenlarven
- Störung der Metamorphose, der Entwicklungsstadien, in denen sich das Insekt von der Larve zur Puppe und dann zum fliegenden Insekt verwandelt
- Hemmung der Eiablage
- Sterilisierung der Insekten
- Unterbrechung der Duftkommunikation, vermittels derer die Insektenmännchen selbst über große Distanzen hinweg die Weibchen aufspüren können, indem sie die Produktion der Pheromone (Duftstoffe) stören
- Abschreckung vieler blattfressender und pflanzensaugender Insekten
- Unterdrückung der Darmaktivität der Insekten und Behinderung beim Schlucken

Unterschiedliche Wirkung

Leider ist Niem nicht bei allen Pflanzen gleichermaßen wirksam. Bis heute weiß man noch nicht, ob nur unverarbeitete Niemextrakte (beispielsweise Wasserlösungen) wirkungslos sind. Andererseits geht man bislang davon aus, dass gut gereinigte Extrakte, wie sie von zuverlässigen Anbietern geliefert werden, selbst empfindlichen Pflanzen nicht schaden.

Kartoffelpflanzen sind offensichtlich nicht in der Lage, den wichtigsten Bestandteil des Niems, das Azadirachtin, aufzunehmen. Bei Anwendung auf Kohlpflanzen entwickelten sich nur mittelgroße Köpfe. Auch Tomaten wurden weniger groß, und die Erträge waren geringer. Bei Zwiebeln wurde die Wachsschicht der Blätter beeinträchtigt.

Alle diese Beoachtungen basieren jedoch auf einmaligen Versuchen, bei denen ungünstige Witterung und schlechte Bodenverhältnisse die Ergebnisse negativ beeinflusst haben können.

Niembaumextrakte schleichen sich in den Hormonkreislauf der Schadinsekten und blockieren hier die Fortpflanzung des Tieres. Trotz ihrer Ungiftigkeit sind Nieminsektizide hochwirksam.

Testen Sie selbst

Am überzeugendsten ist es für jeden, wenn er die unterschiedlichen Früchte in der Hand hält. Machen Sie deshalb Ihre eigene kleine Testreihe. Wählen Sie ein Beet für den Versuch in Ihrem Garten aus. Behandeln Sie die eine Hälfte der Pflanzen mit Niem, die andere Hälfte jedoch nicht. So erhalten Sie unter sonst völlig identischen Rahmenbedingungen den besten und schlagendsten Beweis für die Wirksamkeit des Niems.

Niem gegen Nematoden

Nematoden sind Fadenwürmer, die vor allem in den Tropen und Subtropen als Parasiten bei Menschen und Haustieren auftreten können. Sie werden durch Blut saugende Insekten übertragen. Es gibt auch Fadenwürmer, die Kulturpflanzen – bei uns vor allem Kartoffeln – schädigen. Diese wurzelparasitischen Nematoden können Sie durch Niemextrakte in ihrer Entwicklung entscheidend stören und dadurch Ihren Ertrag im Garten erhöhen, ohne gesundheitsschädigende Nebenwirkungen für sich selbst in Kauf nehmen zu müssen.

Man glaubt nur, was man sieht: Machen Sie eine Vergleichspflanzung in Ihrem eigenen Garten. Niem wird auch Sie überzeugen.

Ein Vergleich überzeugt: rechts Kohlpflanzen, die mit Niembaumpräparaten behandelt wurden; links unbehandelte Pflanzen, die von Schädlingen befallen sind.

Niem gegen Pilzbefall

Niem hat starke pilzabtötende Eigenschaften. Pilze wie Aspergillus flavus werden durch Niem in ihrem Stoffwechsel beeinflusst. Wurzel- und blattbefallende Pilze können gebremst werden. Niem ist ein völlig natürliches Fungizid (pilzabtötendes Mittel), das keine schädlichen Nebenwirkungen auf die geernteten Früchte und das Gemüse hat.

Mehltau bringt viele Gärtner um die Früchte ihrer Anstrengungen im Garten. Mit Niem verhindern Sie Pilzbefall und damit auch Mehltau.

Mehltau verhindern

Um Pilzbefall im Garten zu verhindern, können Sie die in Wasser gelösten Niemsamen in Ihrem Garten spritzen oder Niempresskuchen in die Gartenerde einarbeiten. Beide Methoden schützen Ihre Pflanzen.

Niem ist besonders gut geeignet, um Mehltau zu behandeln oder um dagegen vorzubeugen. Für die Abwehr von Mehltau und anderen Pilzerkrankungen gibt es eine Kombination aus Niembaumöl, einem Niembaumölemulgator und einem Mehltausalz, das gleichzeitig der Pflanzenstärkung dient. Dieses Mittel wirkt auch ausgezeichnet gegen Spinnmilben und Schildläuse. (Bezugsadressen u. a. für dieses Spezialpräparat finden Sie auf Seite 94.)

Für die Bekämpfung von Gartenschnecken wird in Wasser aufgelöstes Niemsamenpulver verwendet. Mit dieser Spritzbrühe, die 500 Gramm Niemsamen auf zehn Liter Wasser enthält, werden die befallenen Pflanzen behandelt.

Niem gegen Viruserkrankungen

Weltweit sind Viruserkrankungen eine der größten Bedrohungen für Nutzpflanzen. Weil Viren in das Zellinnenleben der Pflanzen eingreifen, sind sie viel schwieriger zu bekämpfen als Bakterien oder Pilze. Bisher gibt es kaum wirksame, synthetisch hergestellte Mittel gegen Viruserkrankungen bei Pflanzen.

Hier könnte dem Niem eine große Zukunft bevorstehen. Schon einfache Wasserextrakte haben sich als wirksam bei der Bekämpfung solcher Viruserkrankungen erwiesen. Erfolge auf den Philippinen (mit Reispflanzen) und in Indien (mit Tabak) bestätigen dies.

Praktische Anwendung bei Pflanzen

Schneckenfraß

Mit Niemextrakten können Sie auch zahlreiche Schneckenarten bekämpfen. Bei vielen Schnecken reicht bereits das im Wasser gelöste Niemsamenpulver aus, um ihrer Herr zu werden. Leider gibt es auch hier noch keine gesicherten Erkenntnisse. Sie sollten also selbst experimentieren, wann und wie oft Sie den im Wasser gelösten Niemsamen verwenden.

Schmetterlinge und Käfer

Im Gemüsebeet lassen sich Schmetterlingsraupen und Käferlarven mit Niemextrakt bekämpfen. Die Schädlinge reagieren mit Entwicklungshemmung, hören nach der Spritzung auf zu fressen und sterben meistens innerhalb weniger Tage ab. Auf Zier- und Zimmerpflanzen können sich Fliegen- und Schmetterlingslarven nach dem Fressen der mit Niem behandelten Blätter nicht mehr weiterentwickeln. Auf Ihren Garten- und Topfpflanzen können Sie durch regelmäßige Spritzungen mit Niemextrakten den Befall von Blattläusen und Weißer Fliege deutlich reduzieren bzw. die Fraßschäden stark einschränken.

Pflanzenschutz setzt viele Kenntnisse über die Pflanzenschädlinge voraus. Hier erfahren Sie, wie Sie der lästigen Schnecken in Ihrem Garten Herr werden. Und: Was im Garten hilft, ist auch gut für die Balkonpflanzen. Selbst bei Zimmerpflanzen haben Sie mit Niem gute Erfolge.

Die Wahl des besten Zeitpunkts

Bei der Bekämpfung von Schädlingen ist es wichtig, deren Lebensrhythmus zu beobachten, um die Zeit der höchsten Effektivität der Niemanwendung berücksichtigen zu können. So wurde beispielsweise im Fall des Coloradokäfers (Kartoffelkäfer) festgestellt, dass eine Niemspritzung in den frühen Morgenstunden wesentlich wirksamer ist als eine Behandlung während des späteren Tages.

Lassen Sie sich nicht entmutigen, wenn die gewünschten Ergebnisse auf sich warten lassen. Es kann sein, dass Schädlinge, die mit Niem in Berührung gekommen sind, noch etwa zwei Wochen lang weiterleben. Auf keinen Fall werden sie in dieser Zeit großen Schaden anrichten und sich – und das ist das Wichtigste – nicht weiter vermehren. Das bedeutet, dass nach der Behandlung die gesamte Schädlingspopulation vernichtet ist. Im Zweifelsfall können Sie sicherlich Ihren Niemhändler um Rat fragen. Meist steht er gern mit einigen praktischen Tipps zur Seite.

Niemprodukte sind zwar sehr effektiv zur Bekämpfung von Küchenschaben und anderen Schadinsekten, aber der Geruch von Niem ist unangenehm. Deshalb sollten Sie dem Niembaumöl oder anderen Niemprodukten immer einige Tropfen Teebaum- oder Lavendelöl zusetzen. Beide Öle riechen angenehm frisch und haben überdies auch insektizide Eigenschaften.

Regen schadet der Niembehandlung kaum

In einer Untersuchung an der Universität Hohenheim konnte nachgewiesen werden, dass Regen der Wirksamkeit von Niembehandlungen an Bäumen keinen Abbruch tut. Es zeigte sich kein Unterschied zwischen zwei Baumgruppen: Die erste Gruppe war erst kurz vor Versuchsbeginn mit Niem besprüht worden. Die Kontrollgruppe wurde schon zwei Wochen früher gespritzt und war inzwischen 70 Millimeter Niederschlag ausgesetzt.

Die wesentlichen Nieminhaltsstoffe scheinen von den Pflanzen bereits innerhalb von ein bis zwei Tagen aufgenommen zu werden, so dass der Abwascheffekt keine große Rolle mehr spielt. Auch starker Regen kann dann die Wirksamkeit nicht wesentlich zu reduzieren.

Allerdings dürfte Regen direkt nach der Spritzung sicherlich die Wirksamkeit der Niembehandlung beeinträchtigen. Vor einer Niembehandlung im Garten empfiehlt es sich deshalb auf jeden Fall, den Wetterbericht zu hören.

Herstellung einer Spritzmischung mit Niem

Auf 10 Liter Wasser brauchen Sie 500 Gramm Niemsamen. Von diesem Verhältnis ausgehend, können Sie sich beliebige Mengen der Mischung herstellen. Zerkleinern Sie dazu den Niemsamen. (Verwenden Sie dafür aber möglichst nicht Ihre Getreidemühle, denn die Niemsamen enthalten viel Fett und können deshalb zu Funktionsschäden an Ihrer Getreidemühle führen. Auch kann sich ein unangenehmer Schwefelgeruch festsetzen, der die Getreidemühle unbrauchbar macht. Wenn Sie eine alte Kaffeemühle haben, sollten Sie diese verwenden. Oder Sie beschaffen sich gleich die gemahlenen Niemsamen.)

Geben Sie dann die zermahlenen Kerne in lauwarmes Wasser. Rühren Sie die Mischung kräftig um, und lassen Sie sie einige Stunden lang stehen. Zwischendurch immer wieder umrühren.

Anwendung des Niemextrakts

Es gibt zwei Möglichkeiten, diese Spritzmischung auf die Pflanzen zu verteilen.
▶ Wenn Sie den Niemextrakt mittels einer Pflanzenspritze aufbringen wollen, dann müssen Sie zuvor die groben Bestandteile aus der Brühe herausfiltern, damit die Düse nicht verstopft.
▶ Wenn Sie kein Spritzgerät haben, können Sie den Extrakt auch mit einem Pinsel auf die Pflanzen aufbringen.

Hier finden Sie Tipps und detaillierte Anleitung, wie Sie mit Niem Ihre Gartenpflanzen spritzen und von Schadinsekten freihalten.

Wie oft sollten Sie Niemextrakte spritzen?

Es hängt vom Einzelfall ab, ob Sie überhaupt mit Niem spritzen sollten und wann und wie oft die Behandlung durchgeführt werden sollte.
▶ Allgemein lässt sich sagen, dass in Gemüseanbaugebieten mit größerem Schädlingsbefall eine Spritzung pro Woche nötig ist.
▶ Ist der Schädlingsbefall nur mäßig, so reichen Behandlungen im Abstand von 10 bis 14 Tagen.
▶ Ist der Schädlingsbefall nur gering, dann genügt sogar schon eine einmalige Behandlung der Pflanzen mit Niem.

Rezept für ein Pflanzenschutzmittel

Zutaten
- 12 g (2 gehäufte EL) gemahlener Niemsamen
- 5 g Fluidlezithin CM
- 5 Tropfen Teebaumöl
- 5 Tropfen Lavendelöl
- 1 Messerspitze Vitamin-E-Extrakt
- 250 ml destilliertes Wasser (in Ihrer Apotheke erhältlich) oder lauwarmes Leitungswasser

Herstellung
- Vermengen Sie die Niemsamen in einem Becher sorgfältig mit Fluidlezithin CM, Teebaumöl und Lavendelöl.
- Dann wird der Vitamin-E-Extrakt eingerührt.
- Wenn die Masse gleichmäßig vermischt ist, rühren Sie das Wasser in kleinen Mengen darunter.
- Zum Rühren verwenden Sie am besten einen Glasstab oder einen Kunststofflöffel.
- Lassen Sie die Mischung 3 Stunden lang stehen; zwischendurch immer wieder umrühren.
- Danach gießen Sie die Mischung durch ein Haarsieb.
- Anschließend das Ganze noch einmal durch einen feinen Damenstrumpf filtrieren.
- Sind immer noch feste Bestandteile in der Flüssigkeit vorhanden, muss noch einmal gefiltert werden.

Anwendung
- Bringen Sie das fertige Pflanzenschutzmittel mit einem Pinsel oder mit einer Blumendusche auf die befallenen Pflanzen auf.
- Wiederholen Sie diese Behandlung wöchentlich 1-mal.

Hinweis
Sie können das Pflanzenschutzmittel im Kühlschrank aufbewahren. Dort hält es sich etwa 10 Tage lang.

Auch getrocknete Niemsamen können schimmeln, wobei sich giftige Aflatoxine bilden. Deshalb sollten Sie Niemsamen nur in luftdurchlässigen Behältern lagern, beispielsweise in Jutesäcken oder in Körben. Geschlossene Behälter wie Plastiktüten, Tupperware und Töpfe sind ungeeignet.

Anmerkung zu den Zutaten

▶ Fluidlezithin CM ist ein natürlicher Emulgator, der die einzelnen Bestandteile miteinander verbindet; durch den darin enthaltenen hohen Sojaanteil wird die Wirkung des Pflanzenschutzmittels beschleunigt, da sich das Öl in den Atemröhren des Ungeziefers festsetzt und die Tiere daran ersticken.
▶ Teebaumöl wirkt besonders gegen Mehltau.
▶ Lavendelöl vertreibt Insekten und verbreitet einen angenehmen Geruch.
▶ Vitamin E dient als Konservierungsstoff und verhindert die Zersetzung der Nieminhaltsstoffe an der Luft.

Rezept für ein Pflanzenpflegemittel

Zutaten
▶ 25 g gemahlene Niemsamen
▶ 1/2 l destilliertes Wasser oder lauwarmes Leitungswasser

Herstellung
▶ Übergießen Sie den Niemsamen mit dem lauwarmen Wasser.
▶ Rühren Sie die Flüssigkeit gut durch.
▶ Lassen Sie die Mischung 3 Stunden lang stehen; zwischendurch immer wieder umrühren.
▶ Danach gießen Sie das Ganze durch ein Haarsieb.
▶ Anschließend wird die Mischung nochmals mit einem feinen Damenstrumpf filtriert.
▶ Sind immer noch feste Bestandteile in der Flüssigkeit vorhanden, muss erneut gefiltert werden.

Anwendung
▶ Besprühen Sie die Pflanzen monatlich 1-mal mit dieser Flüssigkeit.
▶ Das Pflanzenpflegemittel eignet sich bei geringem Schädlingsbefall zur Schädlingsvorbeugung und zur Stärkung der Pflanzen.
▶ Sie können größere Mengen einsetzen, wenn Sie Ihren Rasen mit diesem Mittel besprühen wollen (besonders bei Gartenmilbenbefall).

Mit Niemsamen können Sie Ihre Pflanzen nicht nur vor gefräßigen Insekten schützen, sie pflegen Ihre Pflanzen auch und stärken ihre Widerstandskraft.

Weitere Anwendungen des Niembaums

Die weiten Reisfelder in vielen Ländern werden mit Niem gedüngt.

Der Niembaum bietet neben seiner heilenden Wirkung, seinen empfängnisverhütenden Substanzen und der Bekämpfung von Schädlingen noch weitere Eigenschaften, die vom Menschen in den unterschiedlichsten Lebensbereichen genutzt werden können.

Niembaumöl trocknet nicht aus und zersetzt sich auch nicht so schnell wie die meisten anderen Pflanzenöle. In den ländlichen Bereichen Indiens wird Niembaumöl deshalb als Schmiermittel u. a. für Wagenräder verwendet.

Schmier- und Düngemittel

Nach der Extraktion des Niembaumöls aus den Niemsamen können die Überreste, der Presskuchen, noch als Düngemittel verwendet werden. Der so genannte Niemkuchen enthält größere Mengen an Stickstoff, Phosphor, Kalium, Kalzium und Magnesium als beispielsweise tierischer Dünger oder Klärschlamm. In Indien wird Niemkuchen daher in weiten Bereichen zur Düngung von Zuckerrohr und Gemüse verwendet.

Für technische Anwendungen und als Bauholz – der Niembaum ist in seiner Verwendbarkeit (fast) unbegrenzt.

In anderen Ländern wird auch mit den grünen Blättern und Zweigen des Niems gedüngt. Sie werden hauptsächlich in die Reisfelder eingearbeitet, bevor die Reissetzlinge gepflanzt werden. Auf Sri Lanka mulchen die Bauern mit Niemblättern die Tabakfelder. In Gambia erreicht man mit Niemdünger eine frühere Reifung der Tomaten.

Entölte Niemsamen – also die Rückstände aus der Ölgewinnung – eignen sich sehr gut zur Verbesserung des Gartenbodens, als Pflanzennahrung und zur Abwehr von Schädlingen, beispielsweise Insektenlarven und Nematoden (Fadenwürmer). Außerdem wird durch den Niem der Nitratgehalt des Bodens verringert.

> ### Gartendünger mit Niembaum
>
> **Zutaten**
> ▶ Niempresskuchen, Gartenerde, Wasser: Pro 1 kg Gartenerde 10 bis 50 g Niempresskuchen bzw. pro 1 l Wasser 30 g
>
> **Herstellung**
> ▶ Verrühren Sie den Niempresskuchen gut mit dem Wasser bzw. mit der Gartenerde.
>
> **Anwendung**
> ▶ Die Mischung entweder mit einer Gießkanne oder einer Schaufel gleichmäßig auf den Gartenboden aufbringen.
> ▶ Sie können sowohl vor der Pflanzung als auch während der Wachstumsphase der Pflanzen düngen.

Bau- und Möbelholz

Niem gehört zu den Mahagonibäumen und bietet eine ähnliche Holzqualität. Niemholz ist relativ schwer. Obwohl es sich leicht sägen und bearbeiten lässt, muss es zuvor sorgfältig getrocknet werden, damit es sich nicht verzieht. Niemholz splittert leicht, wenn es genagelt wird; deshalb müssen die Löcher vorgebohrt werden. Trotz dieser nicht ganz optimalen Materialeigenschaften gilt Niemholz als wertvolles Holz, das für den Bau von Wagen sowie zur Anfertigung von Werkzeugstielen und landwirtschaftlichen Geräten verwendet wird. In Südindien wird Niem auch gern als Möbelholz verwendet.

Das Kernholz des Baumes ist rot, verblasst aber im Sonnenlicht zu einem rötlichen Braun. Das schön gemaserte Niemholz schrumpft nur geringfügig und kann – die nötige Sorgfalt vorausgesetzt – sowohl von Hand als auch mit der Maschine gut verarbeitet werden. Niemholz ist auch als Schnitzholz gut geeignet, es lässt sich allerdings nicht auf Hochglanz polieren. Niemholz ist sehr dauerhaft und wird selten von Termiten und so gut wie nie von Holzwürmern befallen. Deshalb eignet es sich hervorragend für Pfähle, die in Entwicklungsländern sehr häufig für die Fundierung von Häusern verwendet werden. Hier können auch große Mengen von Niemholz eingesetzt werden, da dieser Baum sehr schnell wieder nachwächst.

Für die gefährdeten Mahagonibäume im Regenwald stellt der Niembaum eine attraktive Alternative dar. Mit der nötigen Sorgfalt kann man aus Niem schöne Möbel schreinern.

Brennstoff

Der Niembaum bietet verschiedene nützliche Brennstoffe, die ihn in verschiedenen Ländern unentbehrlich machen:
- Niemöl wird in ganz Indien als Lampenöl verwendet.
- Niemholz wurde lange Zeit als Feuerholz verwendet.
- Die Schalen der Niemsamen werden als Brennstoff genutzt.
- Aus Niemholz wird eine hochwertige Holzkohle hergestellt.

Im nördlichen Nigeria ist der Niembaum wegen seines schnellen Wachstums und seiner guten Feuerholzqualität zum wichtigsten Pflanzbaum geworden. Aus seinem Holz hergestellte Holzkohle ist von bester Qualität, die im Brennwert fast an Steinkohle herankommt.

Brennholz, Möbelholz und selbst köstlicher Honig – wo sonst finden Sie eine so große Verwendungsvielfalt wie beim Niembaum?

Honig

In vielen Teilen Asiens erzielt Niemhonig wegen seines Geschmacks und seiner heilenden Wirkung Spitzenpreise. Deshalb wird die Produktion von Niemhonig auf eine immer breitere Basis gestellt. Hierfür werden mehr und mehr Niembäume angepflanzt.

Wissenschaftler entdecken immer neue Anwendungsmöglichkeiten für die zahlreichen Produkte, die aus der Niempflanze gewonnen werden können. Kaum eine andere Pflanze ist so vielseitig.

Schutzmittel in der Vorratshaltung

Eine der ältesten Anwendungsmöglichkeiten des Niembaums, die vor allem in den asiatischen Ländern sehr verbreitet ist, ist die Bekämpfung von Vorratsschädlingen. Dabei werden Niemblätter für einige Monate unter das Getreide oder die Hülsenfrüchte gemischt, um die Vorräte vor Schädlingsfraß zu bewahren.

In Niembaumöl getränkte Jutesäcke wehren zuverlässig Kornwürmer und -käfer ab. Auch für alle Leguminosen (Erbsen, Bohnen usw.) ist Niembaumöl ein wirksamer Vorratsschutz. Man kann mit Niem sowohl die Haushaltsvorräte als auch das Saatgut schützen. Für Kartoffeln ist Niem ebenso gut geeignet: Etwas Niemsamenpulver macht Kartoffeln in der Winterlagerung um bis zu drei Monate länger haltbar.

Natürliche Konservierung von Lebensmitteln

Ein erstaunliches Ergebnis vermelden US-amerikanische Forscher den Schimmelpilz Aspergillus flavus und dessen hochgiftige Aflatoxine betreffend, die u. a. Leberkrebs hervorrufen.

Unter dem Einfluss von Niemextrakten stirbt der Schimmelpilz zwar nicht ab, aber er verliert weitgehend seine Fähigkeit zur Aflatoxinbildung. Hier deutet sich ein interessanter Weg zur Konservierung von Lebensmitteln nicht nur in den feuchtwarmen Tropenländern an.

> »Aflatoxin« ist ein Kürzel aus den Wörtern »Aspergillus flavus« und »Toxin«. Aflatoxine sind Pilzgifte, die durch Schimmelpilze auf Lebensmitteln erzeugt werden. Aflatoxine können selbst auf Niemsamen durch unsachgemäße Trocknung entstehen.

Wischmittel gegen Schadinsekten

Sie können ein Wischmittel gegen Schadinsekten, z. B. Küchenschaben oder Getreidekäfer, selbst herstellen oder als Fertigprodukt im Handel erwerben. Hierzu geben Sie zwei Esslöffel Niembaumöl und 50 Tropfen Teebaum- oder Lavendelöl in den üblichen Eimer Wischwasser.
Gegen Haushaltsschädlinge wie Wanzen und Schaben, aber auch gegen besonders hartnäckige Pflanzenschädlinge wie Spinnmilben und Schildläuse empfiehlt sich außerdem das Konzentrat Niemaktiv.
Bitte beachten Sie bei der Verwendung, dass Sie Niemaktiv vor dem Verdünnen kurz erwärmen, weil es unter 20 °C fest wird.

> Hier finden Sie ein praktisches Rezept, wie Sie Küchenschaben auf ökologisch unbedenkliche Art und Weise vertreiben.

Niembaum – Geschichte und Geschichten

Seine Heilkraft macht den Niem zum Gegenstand zahlreicher Geschichten in Indien.

Schon die ältesten indischen Sanskritschriften – die jahrtausendealten Veden – erwähnen den Niembaum als ein Geschenk des Himmels und heben seine vielfältigen nützlichen Eigenschaften für Mensch und Natur hervor.

In Indien wird der Niembaum seit jeher als glücksbringender Baum betrachtet. In manchen Gebieten werden während einer Hochzeit Niembaumblätter als Girlanden um den ganzen Festplatz drapiert. Viele Inder essen traditionsgemäß am indischen Neujahrstag – das ist der neunte Tag des Monats Chaitra, nach unserem Kalender etwa März/April – Niemblätter, weil diese Glück bringen sollen. Die Ayurvedamedizin empfiehlt, am Winterende 15 Tage lang fünf bis zehn Niembaumblätter morgens auf nüchternen Magen zu essen, um so während des gesamten kommenden Jahres vor Krankheiten gefeit zu sein.

Glück im neuen Jahr – das versprechen sich viele Inder am indischen Neujahrstag und essen deshalb Niemblätter.

Sanskrit

Sanskrit gehört zu den indoarischen Sprachen und besitzt eine ähnlich komplizierte Grammatik wie das Lateinische. Sanskrit ist die Gelehrtensprache Indiens und die heilige Sprache der Brahmanen (im Unterschied zu den verschiedenen Volkssprachen und Dialekten). Deshalb sind auch die meisten religiösen, wissenschaftlichen und medizinischen Werke Indiens in Sanskrit geschrieben.

Veden

Die vedische Religion ist eine indische Glaubenslehre. Kernpunkt ist die Ansicht, dass die verschiedenen Einzelseelen und Dinge der Welt ihre große, bedeutende Einheit darin finden, dass sie zusammen den Körper Gottes bilden.

Bei den Veden handelt es sich um die älteste religiöse Literatur Indiens, die in einer noch älteren Sprachform als das Sanskrit abgefasst ist. Religiöse Hymnen und Verse werden ergänzt durch Hinweise auf die alltäglichen Dinge – darunter auch Gesundheit bzw. Krankheiten. Die Veden entstanden etwa 1000 v. Chr.

Niembaum bei religiösen Zeremonien

Die Hindus verehren bis heute den Niembaum und verwenden verschiedene Pflanzenteile bei ihren religiösen Zeremonien. Die vor allem in Indien, aber auch in Nachbarländern am weitesten verbreiteten Bräuche mit Niembaum werden im Folgenden kurz genannt.

▶ In vielen Gegenden Indiens wird am Neujahrstag eine Zuckermasse, der einige Niemblätter beigemengt sind, verzehrt. Damit soll symbolisiert werden, dass sowohl das Bittere als auch das Süße im Leben ertragen werden muss.

▶ Das Fest Ghatasthapana wird von vielen Indern jährlich gefeiert. Hierbei versammeln sich die Dorfbewohner um einen Topf herum, der mit Wasser, fünf Niemzweigen und einer Kokosnuss gefüllt ist. Dieser Topf wird mit Blumen bedeckt, um so Unglück vom Dorf und seinen Bewohnern abzuwenden. Vor dem Topf werden zahlreiche Opfer dargebracht.

▶ Ein anderes Fest nennt sich Nandarvo. Hierbei wird der Saft des Niembaums zunächst den Göttern, danach den Tieren und Menschen geopfert.

▶ In vielen Gegenden Indiens ist es üblich, nach einer Beerdigung Niemblätter zu kauen und sie dann auszuspucken – als Zeichen, dass man allen Kummer von sich wirft.

▶ Die Hindus baden am indischen Neujahrstag auch in dem Blattabsud des Niems, um symbolisch Körper und Seele zu reinigen.

▶ Das Inhalieren des Rauches von verbrannten Niemblättern soll böse Geister austreiben.

▶ Sri Chaitanya, ein berühmter Heiliger des Vishnukultes, wurde Nimai genannt, weil er im Schatten eines Niembaums geboren worden sein soll.

Der Einsatz von Niem bei religiösen und kultischen Festen der Inder ist vielfältig. Aber in allen Riten findet sich der feste Glaube an die Wirksamkeit und Heilungskräfte dieses Baums.

Niembaum – Geschichte und Geschichten

Die Ausbreitung des Niembaums in Indien hängt eng mit der Entfaltung der hinduistischen Religion auf dem südostasiatischen Subkontinent zusammen. Erst in unserem Jahrhundert kam die Pflanze nach Afrika.

Hinduismus

Etwa 90 Prozent der Anhänger der hinduistischen Religion leben in Indien. Der Hinduismus beruht auf der Anschauung, dass alle Lebewesen in dieser ständig entstehenden und vergehenden Welt eine Stufenleiter bilden: Die Leiter beginnt auf der untersten Stufe mit den Pflanzen und endet bei den höchsten Göttern. Die Lehre von der Seelenwanderung ist die metaphysische Grundlage dieser Religion. Jeder Mensch, der in seinem Leben etwas versäumt oder falsch gemacht hat, wählt sich das nächste Leben so, dass er diese Versäumnisse ausgleichen kann.

Der Hinduismus ist eine äußerst erfolgreiche religiöse Lehre in unserer Welt. Vielleicht hängt dies damit zusammen, dass dieser Glaube inneres Gleichgewicht, Ruhe und Harmonie verspricht.

Die Götterwelt des Hinduismus ist ebenso umfangreich wie vielgestaltig. In den heiligen Schriften treten die Götter meistens mit besonderen Attributen auf: So wird Indra mit Krieg und Regen in Verbindung gesetzt, Surya mit der Sonne, Soma mit dem Mond und einem zu Halluzinationen anregenden Opfertrank, Agni mit dem Feuer usw. Den obersten Rang nehmen der Weltschöpfer Brahma, der Welterhalter Vishnu und der Weltzerstörer Shiva mit ihren Frauen Sarasvati (Gelehrsamkeit), Lakshmi (Glück) und Shakti (Urenergie) ein. Daneben werden aber auch die verschiedensten Dorfgottheiten, Könige und Heilige, Heroen Geister und Dämonen verehrt.

Der Gott Vishnu

Vishnu ist einer der höchsten Götter des Hinduismus. Seine Funktion ist es, die ganze Welt zu erhalten. Vishnu kommt in verschiedenen Inkarnationen auf die Erde, um diese zu schützen; er gehört zu den gütigen Göttern. Mit nur drei Schritten durchmißt Vishnu die Erde – diese gelten als Symbole für Aufgang, Höhepunkt und Untergang der Sonne, aber auch für die drei Bestandteile des Planeten: Himmel, Luft und Erde. Auf der Schlange Shesha liegend, träumt Vishnu die Welt.

Die Vishnuverehrung gehört zu den drei großen Religionsrichtungen Indiens. Schon im 6. Jahrhundert n. Chr. ließen indische Herrscher von Palitana in Nordindien bis Taxila im heutigen afghanischen Grenzgebiet eine 200 Kilometer lange Straße bauen und dort zur Freude der Reisenden, die dadurch endlich den ersehnten Schatten fanden, Zehntausende von Niembäumen anpflanzen.

Kaiser Ashoka, der um 260 v. Chr. das erste indische Großreich schuf und einen Wohlfahrtsstaat mit Krankenhäusern für Menschen und Tiere anstrebte, war wohl einer der ersten Herrscher, die die Bedeutung des Niembaumes als Schattenspender und einheimische Apotheke erkannten. Während seiner Regierungszeit wurden zahlreiche Niembäume als Alleebäume entlang der Straßen angepflanzt.

Die Vishnuverehrung in Indien orientiert sich am Dreischrittemodell des Hinduismus: Aufgang, Höhepunkt und Untergang. Um den Aufstieg zu beschleunigen, pflanzten einige indische Herrscher Niembäume an.

So kam der Niem nach Afrika

Heute ist der Niembaum für die Bewohner von Westafrika ein ganz normaler Bestandteil ihrer Landschaft. Das war nicht immer so: Der Niembaum wurde erst in den zwanziger Jahren des 20. Jahrhunderts in Afrika heimisch, als der Brigadegeneral Sir Frederick G. Guggisberg ihn nach Ghana einführte. Guggisberg war dort von 1919 bis 1927 als Gouverneur tätig – damals wurde Ghana noch mit dem Namen Goldküste benannt. Der General brachte Niemsamen aus Indien mit. Die ersten Niembäume wurden in den nördlichen Gebieten von Ghana angebaut. Heute findet man den Niem bereits in ganz Ghana sowie auch in der südlichen Sahelzone.

Mit dem Brigadegeneral Guggisberg kam der Niembaum von Indien nach Afrika. Goo-Gay, so der dortige Name des Baums, war eine direkte Verballhornung des Namens Guggisberg.

Ayurvedamedizin

In Indien wird die Wissenschaft, die sich mit der Theorie und Praxis eines gesunden und glücklichen Lebens beschäftigt, als Ayurveda bezeichnet. »Ayurveda« bedeutet auf Sanskrit »das Wissen von der Verlängerung der Lebensdauer«.

Ayurveda umfasst eine Sammlung der wichtigsten Lehrbücher der altindischen Medizin aus der brahmanischen Epoche. Diese Sammlung wurde wahrscheinlich um 500 n. Chr. kodifiziert – ihre Ursprünge sind aber wesentlich älter. Bei der ärztlichen Behandlung auf der Grundlage des Ayurveda überwiegen pflanzliche Arzneien; es kommen aber auch mineralische Stoffe und Tierprodukte zum Einsatz.

Eine herausragende Rolle in der Ayurvedamedizin spielen der Niembaum und die verschiedenen Niembaumpräparate.

Ziel der Ayurvedamedizin ist das seelische und körperliche Wohlbefinden, genannt Moksha. Diesem Ziel werden alle medizinischen Therapien untergeordnet.

Die drei Schritte des Ayurveda

Die Ayurvedamedizin geht davon aus, dass der menschliche Körper ein Medium ist, in dem sich folgende drei Kräfte materialisieren:
- Dharmas: die Pflichten des Menschen
- Arth: die Aktivitäten des Menschen
- Kam: die Sehnsüchte des Menschen

Es ist die Pflicht eines jeden Menschen, seinem Körper die bestmögliche Pflege angedeihen zu lassen. Aber zugleich darf nicht vergessen werden, dass das wichtigste Ziel des Lebens Moksha (die Bewahrung der unsterblichen Seele) ist.

Gemäß dem Ziel Moksha erachtet es die Ayurvedamedizin als wichtig, dem Menschen zu leiblichem Wohlbefinden zu verhelfen, denn nur so werden folgende Bedingungen erfüllt:
- Der Mensch kann die wahre Natur seiner Seele erkennen.
- Der Mensch kann sich ohne Kummer mit Alter und Krankheiten abfinden.
- Der Mensch kann schließlich seine Glückseligkeit erlangen.

Therapien der Ayurvedamedizin

In der ayurvedischen Medizin werden drei Arten von Krankheiten unterschieden:
▶ Physische (körperliche) Krankheiten
▶ Psychische (seelische) Krankheiten
▶ Durch Unfälle und Epidemien verursachte Krankheiten

Entsprechend diesem dreischrittigen Modell stützen ayurvedische Ärzte ihre Medizin und die Therapiemethoden auf drei wesentliche Säulen der Behandlung:
▶ Diät
▶ Manuelle Behandlung, z. B. Massage
▶ Medikamente (diese werden hauptsächlich aus pflanzlichen, aber auch aus mineralischen und tierischen Stoffen hergestellt; auf synthetisch erzeugte Produkte wird gänzlich verzichtet)

Unter den pflanzlichen Medikamenten nehmen in der Ayurvedamedizin die aus dem Niembaum hergestellten Arzneien eine herausragende Stellung ein.

Diät, Massage und pflanzliche Medikamente spielen eine herausragende Rolle in der Ayurvedamedizin. Der Niembaum gehört als wichtige Heilpflanze in die vorderste Reihe.

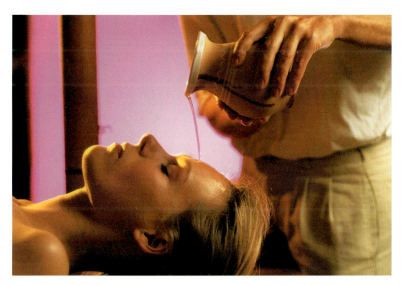

Die sanfte Massage unter Anwendung heilender Öle spielt in der Ayurvedamedizin eine besondere Rolle. Niembaumpräparate werden dabei sehr häufig eingesetzt, um chronische und akute Krankheiten zu behandeln.

Die Namen des Niembaums

Der Niembaum wird von Land zu Land, teilweise sogar von Dialekt zu Dialekt, anders benannt. In der alten persischen Sprache Farsi nannte man den Niembaum Azad Darakht i Hindi, den »freigiebigen Baum Indiens«. Von dieser Benennung leitete zuerst der berühmte schwedische Naturforscher und Begründer der systematischen Nomenklatur (Namensgebung) Carl von Linné (1707–1778) den lateinischen Namen des Niembaums, Azadirachta indica, ab. Die heute gültige botanische Benennung lautet: Antelaea azadirachta.

Auf die Initiative von Gouverneur Sir Frederick G. Guggisberg, der den Niembaum nach Ghana einführte, gehen zwei der afrikanischen Bezeichnungen für den Niembaum zurück: Meistens wird der Baum ganz einfach King genannt, denn so bezeichnete man dort früher den Gouverneur. In Mali ist die bekannteste Bezeichnung für den Niembaum (in der Dyulasprache) Goo-Gay, also eine Verballhornung des Namens Guggisberg.

Mit wachsender internationaler Verbreitung erhielt der Niembaum zusätzliche unterschiedliche Bezeichnungen. Dieser Vorgang setzte schon in Indien selbst ein: Die Benennungen des Niembaums sind in den frühen Sanskritschriften, in Farsi und in der Sprache des heutigen Indien völlig verschieden; wenngleich in fast allen Sprachen oder Dialekten zum Ausdruck kommt, wie hoch die Kräfte des Niembaums eingeschätzt werden.

Goo-Gay, Jarjosier, Paradise Tree oder »der freigiebige Baum Indiens«: Der Niembaum hat viele Namen und viele heilende Aspekte.

Namen des Niembaums

▶ Farsi	▶ Sanskrit
Azad Darakht i Hindi	Nimba, Nimbu, Arishta
(= »der freigiebige Baum Indiens«)	(= »Krankheitserleichterer«)
▶ Französisch	▶ Spanisch
Azadira d'Inde,	Margosa, Nim
Margousier	▶ Englisch
▶ Portugiesisch	Neem, Indian Lilac, Crack Jack,
Margosa	Paradise Tree

Niembaum polyglott

Hier noch eine kleine Auswahl der unterschiedlichen Namen des Niembaums.

- Bengali: Nim, Nimgachh
- Burma: Tamabin, Kamakha
- Gujarati: Leemdo
- Hindi: Neem
- Konkani: Beva-rooku
- Malajalam: Veppu, Aryaveppu
- Marathi: Kadunimb
- Oriya: Nimo
- Punjabi: Nimb
- Simhalee: Nimu
- Tamil: Vembu, Vempu
- Telegu: Vepa

- Arabisch: Azad Darkhtul Hind
- Deutsch: Indischer Zedrach, Niembaum
- Kanadisch: Bevinmar, Kahibevu
- Malajisch: Dawoon Nambu, Baypay

Der Name als medizinischer Hinweis

In der ayurvedischen Literatur wird der Niembaum meistens als Nimb bezeichnet. Aber es gibt auch andere Namen, die sich auf die speziellen medizinischen Qualitäten oder auf das Aussehen und den Geschmack des Niembaums beziehen:

- Arishta: Der Niem hat keine schädlichen Nebenwirkungen auf die Gesundheit des Menschen.
- Paribhdra: Der Niem sorgt für die allgemeine Gesundheit eines Menschen.
- Pichumard, Pichumand: Der Niem heilt verschiedene Hautkrankheiten.
- Shukpriya: Papageien haben eine Vorliebe für die Früchte des Niembaums.
- Tiktak: Der Niembaum hat in seinen Blättern und Früchten, in seiner Rinde und in seinem Öl einen bitteren Geschmack.
- Vartvache: Die Rinde des Niems hat positive medizinische Eigenschaften.
- Vishirnparn: Der Niembaum hat gefiederte Blätter.

Nomen est omen: In der ayurvedischen Literatur werden die Heilwirkungen des Niembaums bereits in seinem Namen ausgedrückt.

Niem – Nutzen für die Dritte Welt

Auch beim Anbau von Zuckerrohr ist Niem wichtig: Er verhindert die Auslaugung des Bodens.

Der Niembaum stammt ursprünglich aus Indien. Wegen seiner hervorragenden heilenden Kräfte findet man diesen Baum heute fast in der gesamten Welt. In der nun folgenden kleinen Reise um die Erde erfahren Sie, welche Nutzungsformen des Niembaumes man überall gefunden hat. Die Reise beginnt in Indien, führt durch afrikanische Länder, in die der Niembaum zuerst importiert wurde, sodann nach Amerika (die USA, die Karibik, Mittel- und Südamerika) und endet wieder an ihrem Ausgangspunkt – in den asiatischen Ländern.

Niembaum – rund um die Welt

Indien

Der heilende Niembaum ist anspruchslos. Deswegen pflanzt man ihn mit Vorliebe entlang der Straßen.

Am häufigsten findet man den Niembaum in Indien. Dort wächst er von der Südspitze von Kerala bis zu den Ausläufern des Himalaja. Der Niembaum gedeiht sehr gut in tropischen und subtropischen Gegenden, sowohl in halbtrockenen als auch in regenreichen Regionen, und er wächst in einem Höhenspektrum von der Meereshöhe bis in eine Höhe von 700 Meter.

In Indien wächst der Niem wild in den Trockenwäldern. In fast allen anderen Regionen des Landes (außer den höchsten und kältesten Bereichen) wird der Niembaum kultiviert. Am besten gedeiht er in den trockenen Zonen des Nordwestens. Gewöhnlich werden Niembäume an Straßenrändern als Schattenspender, aber auch zur Zierde angepflanzt. Wenn Sie einmal in Neu-Delhi waren, haben Sie sicherlich die stattlichen Bäume bewundert, die als Allee von beiden Straßenseiten her ein grünes Dach bilden, das die Menschen vor der glühenden Sonne schützt.

Afrika

Nach Afrika gelangte der Niembaum zwar erst im 20. Jahrhundert, inzwischen findet man allerdings Niembäume in mehr als 30 afrikanischen Staaten, vor allem am Südrand der Sahara. Der Baum wächst dort sehr gut, da er an und für sich sehr anspruchslos ist und nur zu viel Staunässe an den Wurzeln nicht verträgt.

▶ Ghana: Seit den zwanziger Jahren des 20. Jahrhunderts ist der Niembaum in Ghana heimisch. Ghana war das erste afrikanische Land, in das der indische Niembaum eingeführt wurde. Dem Gouverneur Sir Frederick G. Guggisberg ist der Niembaum in Afrika zu verdanken. Hier ist der Baum inzwischen der wichtigste Lieferant von Brennholz. Auch in den großen Städten, beispielsweise in der Hauptstadt Accra, ist der Niem als Schatten spendender Baum weit verbreitet.

▶ Mali: In Mali gehört der Niembaum entlang des Niger bis nach Timbuktu inzwischen zum normalen Landschaftsbild. Viele Bäume werden auf etwa zwei Meter Höhe zurückgeschnitten, um Futter für Rinder und Ziegen bereitzustellen.

▶ Niger: Noch zu Beginn des 19. Jahrhunderts war das Majjiatal in Zentralniger ein grünendes Waldgebiet. Aber es gab und gibt in diesem Gebiet nur unregelmäßige und spärliche Regenfälle mit jährlich nur etwa 400 bis 600 Millimeter Niederschlag. Die wachsende Bevölkerung benötigt Brennholz, Viehfutter und Bauholz – und so war das Waldgebiet im Majjiatal schon recht bald abgeholzt.

Erosionsschutz im Niger

Während der Dürrezeit in den siebziger Jahren unseres Jahrhunderts trug der Wind ungefähr 20 Tonnen Mutterboden pro Hektar und Jahr davon. Während der Regenzeit wiederum erstickten vom Wind herbeigetragene Sedimente die jungen Feldpflanzen.

1975 wurden unter Schirmherrschaft der US-amerikanischen CARE-Organisation Niembäume als Windschutz angepflanzt. Schon 1987 waren 560 Kilometer Doppelreihen vorhanden, die mehr als 3000 Hektar Ackerland vor der Wind- und Bodenerosion schützten. Die Bäume kön-

> Wiederaufforstung, Stopp der Versteppung und Bodenerosion – das sind die wichtigsten Funktionen des Niembaums in Afrika.

Der Niembaum hilft auch, Gebiete vor einer zunehmenden Versteppung zu bewahren. Außerdem verhindert er Bodenerosionen durch Wind und Regenstürme.

nen die Windgeschwindigkeit um 45 bis 80 Prozent verringern, damit die Bodenerosion vermindern und die Bodenfeuchtigkeit steigern. Dadurch erhöhten sich die Ernteerträge um etwa 15 Prozent und fruchtbares Land blieb erhalten.

▶ Nigeria: In den nördlichen Regionen von Nigeria findet man zahlreiche Niembäume, vor allem in Dörfern und Städten. Auch entlang der Straßen werden Niembäume in Alleen vermehrt angepflanzt, da sie auch auf nicht so fruchtbarem Boden gut gedeihen.

▶ Senegal: Sowohl aufgrund von Regierungsprogrammen als auch dank privater Initiativen hat Senegal heute wahrscheinlich mehr Niembäume als jedes andere afrikanische Land. Man findet sie in praktisch allen Dörfern und Städten. Der Niembaum wird vor allem als Schattenspender, aber auch als Brennholz genutzt. Außerdem ist er ökologisch sehr wertvoll, weil sonst viele einheimische Bäume zur Brennholzgewinnung gefällt würden.

▶ Sudan: Der Sudan war neben Ghana eines der ersten afrikanischen Länder, in denen der Niembaum eingeführt wurde. Heute findet man den Niem überall entlang des Blauen und Weißen Nil, an Bewässerungsgräben sowie in Städten und Dörfern. Er ist willkommener Schattenspender und hilft auch hier gegen Bodenerosionen.

Die glatten, ovalen Steinfrüchte des Niembaums werden zwei Zentimeter lang und bergen in ihrem süßen Fruchtfleisch einen harten Kern mit Samen. Die Früchte reifen von Mai bis August.

Amerika

▶ USA: In den USA gibt es inzwischen Anpflanzungen von Niembäumen im Süden Floridas sowie in Südkalifornien und in Arizona. Vor allem aber findet man Niempflanzungen in Puerto Rico, auf den Jungferninseln und auf Hawaii. Im Jahr 1989 verabschiedete der Senat auf Hawaii eine Resolution zur Erforschung und Entwicklung von Niembaumpflanzungen.

▶ Karibik, Mittel- und Südamerika: Seit über einem Jahrzehnt wird der Niembaum auf Haiti großflächig angebaut. Er ist der wichtigste Baum zur Wiederaufforstung der Insel geworden. So pflanzte die US-amerikanische Hilfsorganisation USAID 200 000 Niembäume entlang der Straßen. Auch in anderen Bereichen setzte sich der Niem durch: Heute werden bereits haitianische Niemsamen exportiert.

Bereits im 19. Jahrhundert wurden Niembäume auf den karibischen Inseln und in weiten Teilen Mittel- und Südamerikas eingeführt. Häufig waren es indische Kontraktarbeiter, die die wertvollen Eigenschaften des Niems auch in ihrem neuen Heimatland nicht missen wollten, und deshalb Niemsamen mit sich führten. Oft aber wurde der Niembaum auch durch Forstsachverständige angepflanzt.

Asien

▶ Burma (Myanmar): Obwohl Burma eines der Herkunftsländer des Niembaums ist, wird der Niem dort nicht mehr so stark genutzt. Vor einigen Jahren wurde in Myanmar mit deutscher Hilfe ein Pflanzenschutzmittel auf Niemsamenbasis entwickelt, das inzwischen von einer Fabrik in Mandalay produziert wird. Das Pflanzenschutzmittel ist bei den einheimischen Bauern sehr beliebt, weil es gegen die Schädlinge in ihren Gemüse- und Erdnusspflanzungen erfolgreich eingesetzt werden kann.

▶ Java: Auf Java gibt es eine große Anzahl verschiedener Niembaumarten. Einige Baumarten auf Plantagen sind aufgrund ihres besonders hohen Gehalts an Inhaltsstoffen außerordentlich wirksam gegen schädliche Insekten.

Wiederaufforstungen in großem Maßstab wurden auf Haiti mit Niembaum durchgeführt. Der Erfolg spricht für sich.

▶ Pakistan: In Pakistan findet man den Niembaum hauptsächlich im Gebiet südlich von Lahore. In vielen Städten säumen riesige Niembäume die Straßen. Sie sind teilweise über 100 Jahre alt und über 30 Meter hoch.

▶ Philippinen: Erst 1978 wurde der Niembaum auf den Philippinen angepflanzt. Damals führten Wissenschaftler des International Rice Research Institute (IRRI) den Baum ein. Bis 1990 hatte das Forschungsinstitut mehr als 120 000 Setzlinge verteilt, die inzwischen auf mindestens acht Inseln des Staates wachsen.

Sowohl private Initiativen als auch Regierungsstellen legen Plantagen zur Gewinnung von Brennholz sowie zur Herstellung von Pflanzenschutzmitteln an.

Wegen der zahlreichen Taifune lässt sich der Niembaum in den nördlichen und zentralen Bereichen nicht einbürgern, während er im Süden rasch heimisch geworden ist.

▶ Saudi-Arabien: Vor über 40 Jahren wurde der Niembaum nach Saudi-Arabien eingeführt. Den heißen, trockenen Umweltbedingungen hat er sich hervorragend angepasst. Inzwischen sieht man ihn dort wahrscheinlich häufiger als die Dattelpalme oder jeden anderen ursprünglich in Saudi-Arabien heimischen Baum!

In der Ebene von Arafat, wo vor über 1400 Jahren der Prophet Mohammed seine letzte Predigt gehalten haben soll, entsteht jedes Jahr eine riesige Zeltstadt, um die etwa zwei Millionen Pilger zu beherbergen, die sich auf dem Weg nach Mekka befinden. Diese Ebene gehört zu den heißesten Gebieten der Erde – hier gibt es so gut wie keinen Schatten. Gerade in dieser Gluthitze erweisen sich die Niembäume als segensreich: 50 000 Niembäume wurden angepflanzt, um den Pilgern den ersehnten Schatten zu spenden.

▶ Thailand: In Thailand gibt es neben dem indischen Niembaum auch einheimische Arten des Niems. Azadirachta siamensis, so die botanische Bezeichnung, weist ebenfalls vielversprechende Möglichkeiten auf, vor allem ist er besonders schnellwüchsig. Schon sechs Jahre nach der Anpflanzung wiesen 200 000 Exemplare des Niems in einem besonders trockenen und felsigen Gebiet eine Höhe von elf Meter auf und trugen außerdem besonders viele Früchte.

Sogar in der US-amerikanischen Zukunftsforschungsstation »Biosphere 2«, in der mehrere Forscher ein Jahr lang abgeschnitten von der Umwelt lebten und arbeiteten, wurden acht Niembäume gepflanzt.

Der Anbau des Niembaums

Der Niembaum stellt nicht viele Anforderungen an den Boden: Der Baum wächst am besten auf tiefgründigen, gut entwässerten Sandböden. Dagegen ist er nur schwer auf schlammigen oder glimmerhaltigen Lehm- und Tonböden anzusiedeln. Besonders, da er Staunässe an den Wurzeln nicht verträgt.

In den ersten Monaten der Auspflanzung empfiehlt es sich, die Setzlingsplantage zu hacken, zu jäten, zu bewässern und ein- bis zweimal zu düngen. Die jungen Pflanzen entwickeln sich recht schnell. Ihr Durchmesser nimmt pro Jahr mindestens um zwei bis drei Zentimeter zu. Am liebsten ist dem Niembaum der direkte und uneingeschränkte Zugang zum Sonnenlicht, aber die jungen Pflanzen können sich auch gegen Dornensträucher und Feldfrüchte durchsetzen.

Am Anfang entwickelt sich die Wurzel am stärksten. Erst wenn die Wurzeln sich gut im Boden verankert haben, und die Nährstoffversorgung gesichert ist, konzentriert sich das Wachstum der Pflanze auf den Stamm und die prächtige Krone. Diese Reihenfolge ermöglicht es dem Niem, auch auf für andere Pflanzen ungünstigen Böden zu überleben.

Der Niembaum ist zwar recht anspruchslos, aber er bevorzugt bestimmte Böden mit einem geringen Wassergehalt. Er verträgt keine Staunässe.

Die jungen Pflanzen brauchen noch einige Monate intensive Pflege, dann haben sich die Wurzeln fest im Boden verankert. So kann der Baum auch an weniger günstigen Standorten gut gedeihen.

Baumschule oder Samen?

Niempflanzen können in Baumschulen aufgezogen und dann ausgepflanzt werden. Manchmal ist die direkte Aussaat jedoch einfacher und Erfolg versprechender. Samen sollten nur von ausgereiften Früchten gewonnen werden und so bald wie möglich ausgesät werden.

Der Niem verträgt Temperaturen bis zu 50 °C. Frost hält er nicht aus. Allerdings wird von einer Niempflanzung in Dade County (Florida/USA) berichtet, dass die Bäume auch gelegentlich Temperaturen unter dem Gefrierpunkt ohne nennenswerten Schaden überstehen.

Der beste pH-Wert

Der optimale pH-Wert des Bodens für den Anbau des Niembaums ist gleich oder größer 6,2. Aber auch bei pH-Werten um 5 gedeiht der Baum noch recht gut. Der pH-Wert der Oberfläche solcher Böden kann durch Niemblätter neutralisiert werden.

Die Skala zwischen sauer und basisch

»pH« ist die Abkürzung für »potentia hydrogenii« – das bedeutet die Konzentration des Wasserstoffs in einer Lösung. Daran kann man die saure oder basische Beschaffenheit einer Lösung erkennen. Im allgemeinen bezeichnet man Lösungen mit einem pH-Wert unter 3 als stark sauer, mit einem pH-Wert zwischen 3 und 7 als schwach sauer, mit einem pH-Wert zwischen 7 und 11 als schwach basisch und mit einem pH-Wert über 11 als stark basisch.

Die richtige pH-Wert für die Hautpflege

Für die Hautpflege sind vor allem pH-neutrale Substanzen wichtig – Produkte für die Hautpflege sollten also einen pH-Wert zwischen 5 und 7 haben. In diesem Spektrum bewegt sich der normale Säuremantel der Haut, der durch Behandlung und Pflege geschützt und erhalten werden sollte.

Am pH-Wert einer Lösung erkennt man, ob der Stoff sauer, basisch oder neutral ist. (»pH« ist die Abkürzung für »potentia hydrogenii« – die Konzentration des Wasserstoffs in der Lösung.)

Ökologische Bilanz des Niembaums

Da der Niembaum ein schnellwüchsiger Baum ist, könnte sein Anbau auch zur Lösung verschiedener globaler Umweltprobleme beitragen, als da wären:
▶ Abholzung der Wälder
▶ Wüstenbildung
▶ Bodenerosion
▶ Temperaturanstieg auf der Erde

Dank seiner ausladenden Blätterkrone leistet der Niembaum einen wichtigen Beitrag zur Photosynthese – hier verwandeln die Pflanzen unter Mitwirkung des grünen Farbstoffs Chlorophyll das Kohlendioxid der Luft in Sauerstoff – und damit zur Reinigung der Atemluft.

Besonders bei dem Versuch, die Bodenerosion zu stoppen, kann der Niembaum von großem Nutzen sein. Zusätzlich regeneriert der Niembaum auch übersäuerte Böden.

Aspekte der Wiederaufforstung

Zur Aufforstung bzw. Wiederaufforstung von Kahlschlägen oder abgebrannten Flächen eignet sich der Niembaum besonders gut dank folgender Eigenschaften:
▶ Er wächst schnell.
▶ Er spendet viel Schatten und schützt damit die Bodenvegetation vor zu starker Sonneneinstrahlung.
▶ Er wächst auch in übersäuerten Böden, die er teilweise sogar regenerieren kann.
▶ Er ist ein idealer Windschutz.

Mittlerweile werden Niembäume in vielen heißen und tropischen Regionen angebaut. Dort können sie sogar stark erosionsgefährdetes Land rekultivieren. Beispielhaft für den ökologischen Nutzen dieses Baumes ist das Niemprojekt der Friedrich-Naumann-Stiftung in Venezuela. Während des Ölbooms in den siebziger Jahren hatten die Menschen dort ihre Felder vernachlässigt. Die Brachflächen waren ungeschützt Wind und Wetter ausgesetzt – und bald glich die Gegend einer Mondlandschaft. Einzig der Niembaum konnte in solch unwirtlichen Gegenden noch gedeihen und den Boden verbessern. Im Jahr 1993 pflanzte die Kooperative El Buchal in der venezolanischen Gemeinde Dabachuro

Durch die Wiederaufforstung von zerstörten Waldflächen kann die drohende Klimakatastrophe der Erde verhindert werden. Mit seinem schnellen Wachstum eignet sich der Niembaum ausgezeichnet für solche Wiederaufforstungsprojekte.

Niem – Nutzen für die Dritte Welt

6000 Niembäume auf einer kooperationseigenen Finca. Heute ist deren Zahl auf 11 000 Bäume angewachsen. Im Schatten der älteren Pflanzen hat sich bereits eine neue Vegetation angesiedelt. Mittlerweile begrünen sich diese Flächen von selbst. Das Land wurde so für den Ackerbau zurückgewonnen.

Nach der Abholzung von Wäldern ist der Boden schutzlos Wind und Wetter ausgesetzt. Die Bodenerosion schreitet schnell voran. Hier kann der Niembaum wertvolle schützende Dienste leisten.

»In der Wüste wächst kein Baum«

Viele Venezolaner hatten das Projekt zunächst belächelt. »In der Wüste wächst kein Baum« hieß es von Seiten der Spötter. Heute ist der Gegenbeweis längst erbracht. Die Bäume der Finca liefern bereits Früchte. Pflanzenschutz auf dem Gelände wird ausschließlich mit Niemextrakt betrieben.

Im Senegal wurde früher viel Brennholz aus dem Busch gewonnen – die Männer sägten die Bäume ab, und die Frauen zerkleinerten das Holz. Die natürliche Vegetation ging durch Raubbau zugrunde. Die Aufforstung durch den Niembaum kam da gerade recht. Die Niembäume dort sind jetzt etwa zehn Jahre alt, und man kann die Äste für Feuerholz abschneiden – die Bäume wachsen trotzdem weiter. So erholte sich die natürliche Vegetation zusehends.

Durch die Anpflanzung von Niembäumen kann die Wüste zu neuem Leben erweckt werden. Versuche ergaben, dass die anspruchslose Pflanze auch auf kargen Standorten wächst und diese vor weiterer Erosion schützt.

Die Bodenerosion stoppen

In Haiti hat sich der Niembaum inzwischen auf breiter Front durchgesetzt. In diesem bettelarmen Land wurde in den letzten Jahrzehnten fast jeder Baum – außer Mango- und anderen Fruchtbäumen – gefällt, um Feuerholz zu gewinnen. Da kaum noch Pflanzen vorhanden waren, um die Erde festzuhalten, nahm die Bodenerosion ungehindert ihren Lauf. Die University of Miami startete daraufhin ein umfassendes Niempflanzungsprojekt. Wenn mehr Zeit vorhanden gewesen wäre, hätte man auch andere Bäume pflanzen können. Aber auf Haiti musste schnell geholfen werden. Deswegen fiel die Wahl auf den schnellwüchsigen Niembaum.

Heute ist Haiti wieder ein grünes Land. Die Niembäume wachsen an den Straßen, in den Dörfern und in den Städten. So gibt es Feuerholz – und die natürliche Vegetation bleibt trotzdem erhalten. Haiti ist ein Musterbeispiel, wie sich ökologische Verbesserungen mit dem ökonomischen Nutzen verbinden lassen.

Die Wurzeln von Bäumen halten die Erde fest und binden somit Feuchtigkeit. Selbst in extrem trockenen und heißen Regionen kann mit Niempflanzungen ein besseres Mikroklima erreicht werden.

Niembäume für die Hadschis

Ein sehr interessantes Projekt wurde in Saudi-Arabien gestartet: Jedes Jahr pilgern Millionen von Muslimen nach Mekka. Die Hadschis müssen durch die glutheiße Ebene von Arafat bei Mekka – mit Temperaturen von bis zu 50 °C.

Ein ungenannter Wohltäter – möglicherweise war es ein reicher Ölscheich – fasste den Entschluss, in diesem Gebiet eine Niempflanzung anzulegen, obwohl die meisten Experten behaupteten, dass dies in einem so heißen und trockenen Gebiet unmöglich sei. Zwar gibt es in dieser Ebene einige Tiefbrunnen, aber das Wasser ist leider sehr salzhaltig, fast eine Art Brackwasser. Trotzdem glaubte der Wohltäter fest an sein Projekt und ließ 50 000 Niembäume anpflanzen. Die Setzlinge wurden mit dem ansonsten unbrauchbaren Wasser aus den Tiefbrunnen bewässert. Das Ergebnis ist sehr eindrucksvoll: Heute können sich Tausende von Mekkapilgern im wohltuenden Schatten dieser Niembäume ausruhen.

Auf der Hadsch (Pilgerreise) nach Mekka müssen die Hadschis (Pilger) durch die Wüste. Mit Tausenden von Niembäumen wurde hier eine wundervolle Oase des Schattens und der Erholung geschaffen.

Niem – Nutzen für die Dritte Welt

Die Blüten des Niembaums locken die Bienen an. Diese produzieren aus dem Nektar einen wohlschmeckenden Honig, der als Naturheilmittel sehr begehrt ist.

Umweltschutz durch Niembäume

Wenn man in Indien Arzneipflanzen anbaut, dann geht es nicht nur um die Heilung von Menschen, sondern zugleich auch um die Heilung der menschlichen Umwelt. Denn Arzneipflanzen beeinflussen letztlich unseren gesamten Lebensbereich. Gerade der Niembaum ist in dieser Beziehung von außerordentlicher Bedeutung für das tägliche Leben in vielen Ländern der Dritten Welt.

Bäume als natürliche Luftfilter

Der Niembaum hilft auch, die Umwelt sauber und lebenswert zu erhalten, denn er produziert – wie alle Bäume – Sauerstoff. Dank seiner großen Blätterkrone ist der Sauerstoffertrag jedoch beträchtlich. Gleichzeitig wird so die Luft gefiltert und von Schadstoffen gereinigt.

In Indien wurde früher immer ein Niembaum in der Nähe des Wohnhauses angepflanzt, um Krankheiten, aber auch Insekten fern zu halten. Heute werden die Bäume entlang der Straßen angepflanzt, um die Luftverschmutzung durch Autos zu verringern und um Schatten zu spenden.

Wie alle Bäume verbessern auch die Niembäume die Atemluft, produzieren Sauerstoff und entziehen der Luft Kohlendioxid. Vor allem in dicht besiedelten Städten sind Niembäume eine wirkliche Wohltat.

Niem als Viehfutter

In den Ländern der Dritten Welt gibt es wenig Viehfutter, weil die Menschen die Bäume und Büsche als Brennmaterial verwenden müssen. So entsteht ein Teufelskreis, der oft zu Hungersnöten führt: Die Bäume und Büsche werden abgeholzt, um Brennstoff zu gewinnen; dadurch gibt es kein Futter für die Tiere, von denen die Menschen sich ernähren. Hinzu kommt die zunehmende Versteppung.

Hier kann der Niembaum auch wieder von großem Nutzen sein: Ziegen und Kamele fressen gern Niemblätter. Die Blätter enthalten Proteine, Mineralien, Karotin und alle lebenswichtigen Spurenelemente außer Zink. Da Niem schnell wächst, steht meistens ausreichend Nahrung zur Verfügung.

Doppelter Nutzen – Niemkuchen als Rinderfutter

Selbst die Rückstände aus der Niemölgewinnung können als Viehfutter für Rinder, Büffel, Schweine und für Geflügel verwendet werden. Dabei handelt es sich um den so genannten Niemkuchen. Dieser ist sehr eiweißreich und enthält zahlreiche wichtige Mineralstoffe.

Da Rinder und Büffel wegen der in den Blättern enthaltenen Bitterstoffe diese nicht fressen mögen und darum auch nicht mit unbehandeltem Niemkuchen gefüttert werden können, wird dieser in einem Extraktionsprozess mit Äthanol oder Methanol behandelt. Auch das Auswaschen des Niemkuchens mit Wasser hat sich bewährt. Danach wird dieses Futter gern von den Tieren angenommen.

Billig, nahrhaft und ökologisch gut

Niemkuchen ist als Eiweißlieferant für die Viehfütterung wesentlich billiger als Soja-, Sonnenblumen- oder andere Ölkuchenarten. Außerdem wächst der Niembaum – im Gegensatz zu den genannten Ölpflanzen – auch in sehr trockenen Gebieten. Durch den vermehrten Anbau des Niems können also nicht nur die ökologischen, sondern auch viele ökonomische Probleme gelöst werden.

In Gegenden mit schlechter Bodenqualität herrscht natürlich auch ein Mangel an billigem Viehfutter. Hier kann Abhilfe geschaffen werden, indem Niembäume als Futterbäume für Nutztiere angepflanzt werden oder indem man Niemkuchen – die Pressrückstände aus der Niemölgewinnung – als Ersatz für teures Sojafutter verwendet.

Handelsformen von Niemprodukten

Die zerstoßenen Samen werden als heilendes Gewürz auch an Speisen gegeben.

Niembaumöl

Schon seit langer Zeit benutzen die Inder auch das kaltgepresste Öl der Niembaumsamen, beispielsweise für den Vorratsschutz. Sie erhalten das Niembaumöl in Ihrer Apotheke, einigen Reformhäusern oder sehen Sie im nachfolgenden Anschriftenverzeichnis Seite 94 nach, welche Unternehmen Niembaumöl und andere -präparate vertreiben.

Niemsamen

Der aus den gemahlenen Niemsamen hergestellte Wasserextrakt dient der Abwehr und Vertreibung von Schadinsekten an Pflanzen und Haustieren. Mögliche Anwendungsbereiche sind der Obst-, Wein- und Gemüseanbau (beispielsweise gegen Kohlschädlinge, Traubenwickler, Schnecken oder Apfelblattläuse) sowie Zier- und Forstpflanzen in Haus, Garten und Baumschulen.

Der Wasserextrakt kann außerdem in der Tierhaltung gegen Außenparasiten (beispielsweise Fell- und Hautparasiten bei Hunden oder Schafen) eingesetzt werden. Getrocknete Niemsamen können auch unvermahlen bezogen werden.

Niembaumsamen und -öl sind nützlich im heimischen Garten – beispielsweise gegen Kohlschädlinge und gegen Mehltau.

Mehltaukombipack

(Niembaumöl, Niembaumölemulgator und Mehltausalz)

Das kaltgepresste Niembaumöl aus geschälten Niemsamen wirkt in Kombination mit dem Niembaumölemulgator und dem Mehltausalz sehr effizient gegen Mehltau an Pflanzen. Diese Mischung erwies sich auch als besonders wirksam gegen andere Pilzkrankheiten sowie gegen Spinnmilben.

Niempresskuchen

Der Niempresskuchen aus geschälten, entölten Niemsamen dient als Bodenzusatz der Ernährung der Pflanzen. Gleichzeitig ist er ein natürlicher Nitrifikationshemmer, d. h., er wirkt der Versalzung des Bodens und des Grundwassers durch schädliche Nitrate entgegen. Auch können auf diese Weise bodenbürtige Schädlinge wie Insektenlarven und Nematoden (Fadenwürmer) abgewehrt werden.

Niembaumpresskuchen – die Rückstände aus der Niembaumölgewinnung – lässt eine zu salzhaltige Gartenerde wieder gesunden: Einfach etwas Presskuchen unter die Erde mischen.

Ein Niembaum für zu Hause

Der Niembaum ist eine tropische Rarität, die bei uns bislang noch in keinem Blumenladen zu erhalten ist. Die Niembäume lieben sonnige, helle und zugfreie Standorte. Sie haben geringe Ansprüche an den Boden, vertragen jedoch in keinem Fall stauende Nässe. Deshalb sollten sie möglichst von unten – also im Übertopf – gegossen werden. Der Niembaum kann in unseren Breitengraden nicht im Freien überwintern und darf nicht längere Zeit Temperaturen unter 20 °C ausgesetzt sein. Deshalb eignet er sich nicht zur Gewinnung von Niemsamen. Keimfähigen Niemsamen erhalten Sie bei einigen Niem-Vertrieben (Bezugsadressen siehe Seite 94).

Wie pflanzt man einen Niembaum?

Achten Sie darauf, dass das Saatgut möglichst frisch ist. Darauf gibt es bei seriösen Händlern eine Garantie! Ältere Samen sind nämlich zum Teil nicht mehr keimfähig. Legen Sie zwei bis drei Samen etwa einen Zentimeter tief in einen Topf mit lockerer Blumenerde. Nach der Keimung nehmen Sie die weniger kräftigen Pflanzen heraus. Nach etwa drei Monaten sollten Sie die Pflanze umtopfen. Beim späteren Umtopfen sollten Sie darauf achten, ob die Pflanzen mit ihrer kräftigen Pfahlwurzel bereits den Topfboden erreicht oder diesen sogar schon durchstoßen haben. In diesem Fall sollten Sie die Wurzeln vor dem Umtopfen etwas kürzen. Allerdings werden die Bäumchen dadurch etwas weniger schnell wachsen.

Einen Niembaum können Sie auch als Topfpflanze im Zimmer ziehen. Hier lesen Sie, was Sie dabei beachten sollten.

Bezugsquellen

Die verschiedenen Niembaumprodukte wie z. B. Zahncreme, Haarpflegemittel, Salbe, ätherisches Öl, Pflegeöl oder Schädlingsbekämpfungsmittel erhalten Sie bei den angegebenen Adressen und in Apotheken und Reformhäusern.

Aromara
Albtalstraße 24b
79872 St. Blasien
Tel.: 07672/ 93 16 11
Fax: 07672/ 93 16 20

Spinnrad GmbH
Am Luftschacht 3 A
45886 Gelsenkirchen
Tel.: 0209/ 170 00-0
Fax: 0209/ 170 00-40

Bionika Versand
GmbH & Co. KG
Postfach 1261
27718 Ritterhude
Tel.: 04292/ 81 63 10

Trifolio-M
Dr. Hubertus Kleeberg
Sonnenstraße 22
35633 Lahnau
Tel.: 06441/ 631 14

Dr. Grandel Keimdiät GmbH
Postfach 11 16 49
86041 Augsburg
Tel.: 0821/ 320 20

Wala-Heilmittel GmbH
73085 Eckwälden
Tel.: 07164/ 93 00

Neumond
82211 Herrsching
Tel.: 08152/ 88 00
Fax: 08152/ 22 11

Bezugsquelle in Österreich

Niem Handel GmbH
Aurikelweg 8
A-1220 Wien
Tel./Fax: 0043-1- 283 24 27

Niem Handel
August-Bebel-Str. 45
64347 Griesheim
Tel.: 06155/ 27 90
Fax.: 06155/ 27 90

Viele Niembaumprodukte sind nicht allzu lange haltbar. Vielleicht sollten Sie sich überlegen, einen eigenen Niembaum zu pflanzen.

Über die Autorin

Heidelore Kluge ist Journalistin und freie Autorin. In ihren über 30 Veröffentlichungen beschäftigt sie sich vor allem mit den Themen Naturheilkunde, Ökologie und Naturkosmetik. Da sie einige Jahre als Landwirtin arbeitete, ist ihr auch die praktische Anwendung bestens vertraut.

Literaturverzeichnis

Bulla, Gisela: Natürliche Heilung durch Aromatherapie. Südwest Verlag. 2. Auflage, München 1996

Cernaj, Dr. I.: Fit und gesund durch ein starkes Immunsystem. Südwest Verlag. 5. Auflage, München 1996

Cernaj, Dr. I./Cernaj, Dr. J.: Gesund und schön durch Enzyme. Südwest Verlag. München 1995

Chopra, Deepak: Die heilende Kraft. Ayurveda, das altindische Wissen vom Leben und die modernen Naturwissenschaften. Gustav Lübbe Verlag. Bergisch Gladbach 1990

Gerson, Scott: Eine Einführung in die indische Gesundheitslehre. Fischer TB. Frankfurt/M. 1996

Keudell, Theodor von: Die sanfte Heilkunst Ayurveda. Verlagsunion Pabel und Moewig. Rastatt 1987

Kluge, Heidelore: Heilkräuter aus der Apotheke. Südwest Verlag. 3. Auflage, München 1996

Ranade, Subhash: Ayurveda. Wesen und Methodik. Karl F. Haug Verlag. Heidelberg 1994

Verma, Vinod: Ayurveda – Der Weg des gesunden Lebens. Scherz Verlag. Bern 1992

Wellmann, Jutta/Meyer, Dr. Johann: Gesundheit heute. Der große Selbsthilfe-Ratgeber. Cormoran Verlag. München 1997

Hinweis

Das vorliegende Buch ist sorgfältig erarbeitet worden. Dennoch erfolgen alle Angaben ohne Gewähr. Weder Autorin noch Verlag können für eventuelle Nachteile oder Schäden, die aus den im Buch gemachten praktischen Hinweisen resultieren, eine Haftung übernehmen.

Bildnachweis

Fotoarchiv, Essen: 21 (C. Meyer); IFA-Bilderteam, Taufkirchen: 23 (Dr. Thiele), 56 (Diaf), 62 (R. Maier); Niem Handel Gerald Moser, Griesheim: Titel (Einklinker), 10; Prof. Dr. Heinrich Schmutterer, Gießen: Titel (Fond), 1, 9, 15, 41, 59, 61, 70, 72, 82, 85, 90, 92; Südwest Verlag, München: U4, 42 (M. Nagy), 34 (N.N.); Transglobe Agency, Hamburg: 6 (R. Wagner), 18 (A. Schroeder), 25 (N.N.), 36, 54 (W. Willner), 38 (TWFS), 68 (A. Evrard), 74 (H. Valencak), 77 (Aloha/Spiola), 80 (D. Rademaker), 88 (Liba Taylor Select)

Impressum

© 1998 W. Ludwig Buchverlag GmbH in der Verlagshaus Goethestraße GmbH & Co. KG, München

Alle Rechte vorbehalten. Nachdruck – auch auszugsweise – nur mit Genehmigung des Verlags.

Redaktion:
Sybille Schlumpp

Redaktionsleitung:
Dr. med. Christiane Lentz

Bildredaktion:
Beate Wagner

Produktion:
Manfred Metzger

Umschlag:
Till Eiden

Layout:
Wolfgang Lehner

DTP/Satz:
Arthur Lenner, München

Druck:
Weber Offset, München

Bindung:
R. Oldenbourg, München

Printed in Germany
Gedruckt auf chlor-und säurearmem Papier

ISBN 3-7787-3676-0

Register

Abkochung 40
Aflatoxin 10, 13, 71
Amerika 83
Anämie 18
Anbau 85f.
Antiläuseshampoo 30
Aphrodisiakum 52
Aromaöle 44, 50, 52
Aromatherapie 42f.
Ätherische Öle 42ff.
  – Übersicht 48f.
Atembeschwerden 34, 39
Aufforstung 7, 87
Ayurveda 18f., 31, 40f., 76f.
Azadirachtin 14ff.
Badezusätze 39
Bakterielle Infektion 19
Bauchwassersucht 18
Bauholz 69
Blasenerkrankungen 34
Blattläuse 59, 63
Bluthochdruck 18, 34
Brennstoff 70
Creme 39
Darmpilze 20
Depression 53
Destillation 40, 45
Diabetes mellitus 34
Durchfall 35
Düngemittel 12, 68
Ekzeme 35, 37
Empfängnisschutz 22ff.
Enfleurage 45
Erosionsschutz 81, 89
Extrakt 40
Extraktion 11, 46

Fadenwürmer 61
Fliegenbekämpfung 58, 63
Flöhe 27
Fußpilz 20
Futterpflanze 91
Gelbsucht 18
Geruchssinn 42f.
Geschwüre 18
Ghana 81
Haarpflege 27, 30, 39
Hämorrhoiden 18, 21, 37
Hautkrankheiten 35, 37
Hautpflege 86
Hefepilze 20
Heuschrecken 54
Honig 70
Hundeshampoo 32
Husten 34
Immunsystem 18, 47
Indien 4, 74, 80, 90
Infektionskrankheiten 37
Inhaltsstoffe 14
Insektizid 9f., 57
Käfer 58, 63
Kaltpressung 11, 45
Karibik 83
Kartoffelkäfer 68
Körperpflege 26ff.
Konservierung 71
Kopfläuse 27ff.
Kopfschmerzen 20, 37
Kosmetika 26, 39ff.
Krätze 35
Krebs 35
Kreislauf 39
Leberbeschwerden 35
Lepra 18, 35
Limonoide 14
Luftfilter 90

Malaria 20, 36
Masern 37
Mehltau 62, 92
Meliantriol 14, 16
Milben 27, 62
Mücken 58
Nagelpflege 30
Namen 78f.
Nebenwirkungen 13
Nesselsucht 18
Niembaum 6ff., 92
Niemöl 11ff.
Niememulgator 92
Niemblätter 8
Niemfrüchte 8, 10, 13
Niempresskuchen 12, 68, 93
Niemlotion 29
Niemrinde 8
Niemsamen 8, 13, 86, 92
Niger 81
Nigeria 82
Nimbidin 14, 17
Nimbin 14, 17
Ökologie 87
Pakistan 84
Parasiten 31
Parfüm 50ff.
Pflanzenpflegemittel 67
Pflanzenschutzmittel 66f.
pH-Wert 86
Philippinen 84
Pilzbefall 62
Pilzerkrankungen 20
Pocken 19
Potenz 53
Pulver 40
Regen 64
Resistenz 58

Rheumatische Beschwerden 38
Ringelflechte 20, 35
Salannin 14, 16
Saft 40
Salbe 40
Scheidenentzündung 38
Schilddrüsenerkrankungen 18
Schildläuse 62
Schmetterling 63
Schmiermittel 68
Schneckenfraß 63
Schuppen 27
Schuppenflechte 37
Schutzmittel 71
Seife 39
Senegal 82
Sex 53
Spritzmischung 65
Stress 53
Sudan 82
Tampon 40
Thailand 84
Tierdusche 32f.
Tierpflege 31ff.
Topfpflanze 63, 93
Tuberkulose 34
Übelkeit 36
Umweltschutz 90
Unverträglichkeiten 47
Verdauungsstörungen 18
Viruserkrankungen 19, 63
Vorratsschädlinge 71
Warzen 19
Windpocken 37
Wundbehandlung 38
Zahnerkrankungen 18
Zahnpflege 26f., 30